El México narco

Actualidad

Biografía

Rafael Rodríguez Castañeda nació en la Ciudad de México en 1944. Es licenciado en Periodismo por la UNAM, profesión que ejerce desde 1965. En 1970 ingresó al periódico *Excélsior*, dirigido por Julio Scherer García, donde fue sucesivamente redactor, corrector de estilo y reportero. De 1974 a 1975 fue corresponsal del diario en Washington. A su regreso a México se reincorporó a la redacción como coordinador de los corresponsales en el extranjero. Tras el golpe del gobierno de Luis Echeverría contra la dirección de Scherer, en julio de 1976, formó parte del grupo de reporteros y colaboradores que abandonaron la publicación. En noviembre de ese mismo año participó en la fundación de la revista *Proceso*, de la cual fue nombrado jefe de redacción tres años después, y durante dos décadas ocupó ese cargo. Desde marzo de 1999 es el director del semanario. Es autor de tres libros: *El asesinato de Orlando Letelier*, *Prensa vendida* y *Operación Telmex*.

Rafael Rodríguez Castañeda

Coordinador

El México narco

Planeta

Bajo el sello editorial BOOKET M.R.
Avenida Presidente Masarik núm. 111, 2o. piso
Colonia Chapultepec Morales
C.P. 11570 México, D.F.
www.editorialplaneta.com.mx

Primera edición: enero de 2010
Primera edición en esta presentación de booket: julio de 2011
Primera reimpresión: julio de 2011
ISBN: 978-607-07-0842-8

Impreso en los talleres de Litográfica Ingramex, S.A. de C.V.
Centeno núm. 162, colonia Granjas Esmeralda, México, D.F.
Impreso y hecho en México – *Printed and made in Mexico*

ÍNDICE

PRESENTACIÓN

RAFAEL RODRÍGUEZ CASTAÑEDA

LENTAMENTE, COMO SANGRE que escurre en un plano inclinado, el narcotráfico invadió el territorio nacional. Con la complacencia y aun la complicidad de autoridades de todos los niveles —civiles, policiacas, militares—, el crimen organizado convirtió a México en una potencia en la producción, distribución, venta y exportación de estupefacientes. De extremo a extremo de la República, los cárteles impusieron su ley a sangre y fuego en el sentido estricto de la expresión. Sucesivas generaciones de capos han heredado apellidos, dominios, territorios. Sus nombres y apodos forman parte ya del lenguaje común, desde Tijuana hasta Cancún, desde Reynosa hasta Tapachula. Sus rostros son familiares y, más allá de la brutalidad de la que son capaces, los sabemos integrados a la vida cotidiana.

Quiérase o no, en el espejo del México de hoy —el espejo negro que tanto disgusta a los hombres del poder— se refleja el narco junto al resto de las estructuras sociales del país, sanas o insanas, con su violencia sin límites, con su sello cultural innegable, con sus modos de vida inocultables. Estas páginas son el retrato de un país al que los hombres del poder político y económico —con sus abusos sin límite— han contribuido a degradar, porque el tamaño del narcotráfico en México equivale a la magnitud de la corrupción. Si fuera posible trazar con detalle el mapa de los cárteles de la droga, coincidiría, casi calcado, con la trama de los gobernantes y de los miembros del Ejército, las corporaciones policiacas y el Poder Judicial, que han intercambiado, por poder, por riqueza o por temor, la lealtad al país al que presuntamente se deben.

Sin ese contubernio ya antiguo, no se explicaría la descarnada realidad que en este trabajo periodístico se reconstruye a partir de una dedicada investigación, de la cual resulta la geografía del narcotráfico nacional. Por estas páginas transcurren sin tamices escenas, acontecimientos, circunstancias; personajes del narco, sus cómplices, sus protectores y sus víctimas, en la oscuridad de rincones apartados o a la luz de calles plenamente conocidas...

En este libro, que reúne el trabajo periodístico de *Proceso,* ofrecemos la visión del México narco —que aspira a evocar la expresión del *México bárbaro* de principios del siglo pasado, salida de la pluma del periodista estadounidense John Kenneth Turner— que los reporteros, corresponsales y enviados especiales captaron en trabajos de investigación región por región, estado por estado, y, en algunos casos, ciudad por ciudad, todos ellos conducidos por el subdirector de Información de la revista, Salvador Corro.

Podría pensarse que *El México narco* describe demasiada violencia, demasiados muertos, demasiada sangre, demasiados descabezados, demasiados torturados... Pero con decenas de miles de soldados y policías en las calles, con decenas de miles de sicarios dispuestos a matar o morir, con millones de familias en la pobreza extrema, con millones y millones de jóvenes en la desesperanza, hoy en México nada es demasiado...

INTRODUCCIÓN

LA CONSOLIDACIÓN

RICARDO RAVELO

La guerra contra los cárteles de la droga no ha podido desarticular a ninguno. Por el contrario, estas organizaciones criminales sortean los embates del Estado con base en alianzas entre ellos, no obstante sus propias disputas por el control de territorios y mercados. Antes de concluir el sexenio de Vicente Fox, tanto la Procuraduría General de la República (PGR) como la Secretaría de Seguridad Pública (SSP) registraron en sus archivos de inteligencia la presencia de siete cárteles de la droga bien estructurados, con extensiones en toda la República y estrechos vínculos con las policías del país, su histórico cerco protector.

En los dos primeros años de la administración calderonista, una nueva generación de jóvenes narcos se acomodó en posiciones de liderazgo en distintos cárteles, impulsados por sus padres, tíos y parientes. Ahora, estos grupos no sólo están mostrando su dinamismo, violencia y capacidad para recomponer sus respectivas organizaciones, sino que encabezan nuevas ramificaciones criminales en todo el país y se aprestan a consolidarlas. Por ejemplo, Luis Fernando Sánchez Arellano, hijo de Enedina Arellano Félix, es identificado por la DEA y la PGR como el nuevo líder del cártel de Tijuana. Otro caso es el de Vicente Carrillo Leyva, hijo de Amado Carrillo, quien, 12 años después de la muerte de su padre y antes de su detención —efectuada el 1 de abril de 2009—, ocupaba una segunda posición dentro del cártel de Juárez, sólo después de su tío Vicente. Por su parte, Ismael Zambada Niebla destaca como importante pasador de droga de la célula que representa su padre, *El Mayo* Zambada.

Atrás, muy atrás, parecen haber quedado las viejas reglas del narcotráfico cuando se presentaban pugnas. "Entréguenlos, pero no los maten", solía decir el extinto capo Amado Carrillo Fuentes, *El Señor de los Cielos*, cuando sentía el peligro de que su plaza, Ciudad Juárez, se "calentara" por la violencia. Y así actuaba uno de sus maestros más aventajados: Miguel Ángel Félix Gallardo, quien prefería la negociación a la beligerancia. Legendario jefe del cártel del Pacífico, vio caer su imperio al iniciar el sexenio de Carlos Salinas de Gortari, en cuyo gobierno surgió otra figura tan emblemática como fugaz: Juan García Ábrego, quien encabezó el cártel del Golfo sólo durante seis años. Hoy la dinámica narcoempresarial de los cárteles resulta impresionante: las alianzas no duran mucho, si acaso unos cuantos días o el tiempo que lleva recibir y cruzar un cargamento de droga a Estados Unidos, después de lo cual cada grupo regresa a sus posiciones de combate y a la guerra por la conquista de nuevos territorios.

De acuerdo con un estudio titulado "Radiografía de las organizaciones de narcotraficantes", elaborado por la Secretaría de Seguridad Pública y actualizado en diciembre de 2008, éstas diversificaron sus actividades. Es decir, ahora ya no sólo se dedican al tráfico de drogas sino que abarcan un espectro de 25 figuras delictivas, como el secuestro, el tráfico de personas, la piratería, las extorsiones y hasta la trata de personas. Esta nueva dinámica transformó a los cárteles: se volvieron más violentos, y no propiamente por los embates gubernamentales, sino porque el mercado del delito es ahora más amplio y, por ende, más competido. Al respecto, funcionarios federales como el procurador General de la República, Eduardo Medina Mora, y reportes de inteligencia de la SSP se contradicen. En abril de 2007, el titular de la PGR dijo que el narco enfrentaba una severa crisis. "No creo que haya un narco organizado, reestructurado y fuerte", afirmó, y agregó: "Las organizaciones del crimen organizado enfrentan una severa crisis de ingresos y, por consecuencia, una severa crisis en su articulación criminal, que busca obviamente encontrar compensación en otras actividades" ilícitas. "Por ejemplo", indicó, "en Baja California el cártel de los Arellano Félix está perdiendo sus actividades tradicionales de narcotráfico y ha incrementado su presencia en los secuestros."

En cambio, el informe de la SSP sostiene que el cártel de Tijuana tiene nuevo líder y que su estructura está en expansión. Tras el encarcelamiento de Benjamín y Eduardo Arellano Félix, y luego del desgajamiento de esa organización a raíz del asesinato de Ramón, considerado el más violento de la familia, un nuevo miembro de esa estirpe se halla a la cabeza del cártel fundado en la década de los ochenta. Su nombre: Luis Fernando Sánchez Arellano, hijo de Enedina Arellano Félix. Comparte el liderazgo del cártel con su medio hermano, Samuel Zamora Arellano, *El Ingeniero*. Sánchez Arellano asumió la jefatura del cártel luego de la captura de su tío, Francisco Javier Arellano Félix, *El Tigrillo,* el 14 agosto de 2006, lo que derivó en un golpe severo: pocos meses después fueron aprehendidos varios de los cómplices de Francisco Javier, entre ellos Mario García Simental, *El Cris;* Efraín Pérez, *El Efra,* y Jorge Aureliano Félix, *La Macumba*. Con excepción de *El Tigrillo,* que fue capturado en México y entregado a la

DEA por el gobierno mexicano, los demás fueron extraditados en enero de 2009 a petición de Estados Unidos, pese a que enfrentaban procesos judiciales o cumplían alguna sentencia. Por su parte, Sánchez Arellano comenzó a estructurar su grupo. Incorporó a Eduardo Teodoro García Simental —hermano de Mario—, conocido como *El Teo,* y a Armando Villarreal Heredia, *El Gordo*. Pero la alianza no funcionó: ambos se pasaron al cártel de Sinaloa y ahora, junto con Joaquín Guzmán Loera, *El Chapo,* buscan apoderarse de Tijuana y Mexicali, dos de las plazas más codiciadas por los cárteles de la droga.

El informe de la SSP expone cómo evolucionó el cártel de Tijuana y cómo se ha ido fortaleciendo con nuevas piezas: "Después de la muerte de Ramón y la detención de Benjamín Arellano Félix, líderes históricos de la organización, se observa que las células criminales diversificaron sus métodos delictivos y empezaron a cometer otro tipo de delitos diferentes al tráfico de drogas, supuestamente para autofinanciarse. El último caso que ejemplifica esta situación es la detención de Víctor Magno Escobar Luna, *El Mata Policías*, en Tijuana, Baja California, el 1 de abril de 2008, quien era cercano colaborador de Francisco Javier Arellano Félix y se dedicaba al secuestro. En este núcleo también participa la familia Zatarín, quien tiene su centro de operaciones en Mazatlán, La Noria y Culiacán, Sinaloa." La radiografía de la SSP abunda en otros detalles respecto de los territorios que actualmente ocupa el cártel de Tijuana, lo cual indica que la organización criminal no está desarticulada, como lo afirmó el procurador Medina Mora, pues su presencia se ha detectado en una decena de estados del país e incluso en el extranjero. Según la SSP, además de sus feudos en Tijuana y el Valle de Mexicali, Baja California, sus integrantes están presentes en Sonora, Nuevo León, Michoacán, Colima, Morelos, Estado de México, Distrito Federal, Puebla e Hidalgo.

Fuera de México, su presencia también es notoria: el presidente de Perú, Alan García, denunció el 26 de noviembre de 2008 que el cártel de Tijuana, junto con el de Sinaloa, están presentes en territorio peruano, al punto que se les atribuye la violencia generalizada que azota a ese país. "Los cárteles mexicanos son mucho más agresivos que los de la época de los colombianos. Estos cárteles, como el de Tijuana, por ejemplo, son realmente salvajes", declaró. Y ante el recrudecimiento de la violencia en Perú, Alan García le solicitó al presidente Felipe Calderón que la policía antinarcóticos de México opere en su país para desarticular a los cárteles mexicanos, pues éstos ya han superado, en violencia y en el negocio de las drogas, a los grupos delictivos de Colombia, el principal país productor de cocaína, seguido precisamente por Perú.

Los Arellano Félix no están desmantelados ni como núcleo familiar: ahí siguen Enedina (a quien se le atribuyen funciones de contaduría en beneficio del cártel y en tareas de lavado de dinero), Luis Fernando, Norma Isabel y Leticia. Salvo Enedina y Francisco Rafael, el resto de la familia no ha sido implicada en el narcotráfico.

Encuentros y rupturas

RECONFIGURADO A PARTIR DE ENERO de 2001 tras la fuga de su jefe, *El Chapo* Guzmán, del penal de Puente Grande, Jalisco, el cártel de Sinaloa es el más poderoso, el que opera con mejor estructura y protección policiaca y militar en Sonora, Tamaulipas, Nuevo León, Michoacán, Sinaloa, Jalisco, Estado de México y Guerrero, de acuerdo con el diagnóstico de la SSP. La mayoría de sus integrantes proviene del cártel del Pacífico, que en los años ochenta estuvo encabezado por Miguel Ángel Félix Gallardo, actualmente preso en el penal del Altiplano. El cártel del Pacífico se diseminó tras la captura de este personaje, a quien se acusó de haber participado en la tortura y asesinato de Enrique *Kiki* Camarena Salazar, el agente de la DEA que investigaba a Rafael Caro Quintero, ex socio de Félix Gallardo. Más tarde, la llamada "vieja guardia" del cártel (Ernesto Fonseca Carrillo, *Don Neto;* Rafael Caro Quintero, y Félix Gallardo, entre otros) dio paso a una nueva generación de narcos. Sus nombres: Joaquín Guzmán Loera, Héctor Palma Salazar, Rafael Aguilar Guajardo, Amado Carrillo Fuentes y Pablo Acosta, entre otros, quienes se agruparon en el cártel de Juárez.

En 1989, el jefe de esa organización delictiva era Aguilar Guajardo, ex comandante de la desaparecida Dirección Federal de Seguridad, quien en 1993 fue ejecutado en Cancún, Quintana Roo. En ese año, Amado Carrillo recobró la libertad tras cumplir tres años en prisión por posesión de arma prohibida. Inmediatamente, el famoso *Señor de los Cielos* asumió el liderazgo del cártel de Juárez. No corrió la misma suerte Guzmán Loera, quien fue capturado en Guatemala en el marco de las investigaciones por el asesinato del cardenal Juan Jesús Posadas Ocampo, ocurrido en una balacera que se desató en el estacionamiento del Aeropuerto Internacional de Guadalajara el 24 de mayo de 1993. Carrillo Fuentes vivió su etapa de esplendor como jefe del cártel de Juárez de 1993 a 1997. En estos tan efímeros como intensos años, *El Señor de los Cielos* consolidó una de las empresas criminales más boyantes. Sus principales piezas eran Ismael *El Mayo* Zambada; Juan José Esparragoza Moreno, *El Azul;* Carlos Colín Padilla, cerebro financiero del cártel, y su hermano Vicente, *El Viceroy,* quien asumió la jefatura del cártel tras la muerte de Amado, en julio de 1997.

El Chapo Guzmán puso en marcha un plan largamente maquinado. Después de ocho años de encarcelamiento, logró relajar los sistemas de vigilancia en Puente Grande, y el 19 de enero de 2001 se fugó de esta prisión, considerada entonces como una de las más seguras de México. Ya en la calle, Guzmán Loera fue arropado por *El Mayo* Zambada, por Esparragoza Moreno y por los hermanos Marco Arturo, Héctor, Alfredo, Mario y Carlos Beltrán Leyva. Al grupo se sumó Ignacio *Nacho* Coronel, así como Édgar Valdez Villarreal, *La Barbie.* Todos ellos comenzaron a operar bajo el liderazgo de *El Chapo* Guzmán. Dentro y fuera de México esta organización era denominada *La Federación de Narcotraficantes,* porque agrupó a las células más fuertes dedicadas al tráfico de drogas y desplazó de sus territorios a otros cárteles, como el de Juárez y el del Golfo, por citar sólo a dos de sus más acérrimos rivales. La referida radiografía de la SSP cita como piezas emblemáticas de este cártel a *El Mayo* Zambada; a Esparragoza Moreno, *El Azul,* y a Valdez Villarreal, jefe de gatilleros de los hermanos Beltrán Leyva. El informe apunta: "*La Barbie* es un ciudadano estadounidense, quien junto con los hermanos Beltrán Leyva inició la penetración del mercado de drogas en Nuevo León y Tamaulipas". El documento detalla las zonas de influencia de este grupo: "Su centro de operaciones se localiza en Sinaloa, con influencia en Sonora, Tamaulipas, Nuevo León, Michoacán y Jalisco. Además, se presume que tienen alta participación en la zona sur-sureste del país y una representación menor en la zona noroeste de México.

"A partir del año 2000 se tuvo conocimiento de la existencia de la organización de los Valencia, una banda criminal asentada en Michoacán que se dedica al tráfico de drogas. En apariencia, la familia Valencia hizo una alianza con la organización de Sinaloa y actualmente trabajan juntos en el trasiego de drogas. Los líderes del cártel de los Valencia son Luis Valencia Valencia, Óscar Orlando Nava Valencia, José Benavides Martínez, Juan Calixto Ramos y José Silverio Martínez González." Este grupo también domina parte de las plazas de Guerrero y Jalisco.

Si bien la emblemática *Federación* entró en crisis en enero de 2008, parece estar superando la sacudida. Debido a fuertes diferencias con *El Chapo* por negocios relacionados con las drogas, fue aprehendido Alfredo Beltrán Leyva, *El Mochomo* o *El Osito Bimbo.* Los Beltrán le atribuyeron este golpe a Guzmán Loera. Y comenzó la guerra interna, que arrastró a la muerte a policías y militares. Incluso el hijo de *El Chapo*, Édgar Guzmán Beltrán, cayó muerto el 9 de mayo de 2008 durante una balacera suscitada a las afueras del bar

Bilbao, en Culiacán, Sinaloa, donde también fue ejecutado Arturo Meza Cázares, el dueño del establecimiento, quien resultó ser hijo de Margarita Cázares Salazar, *La Emperatriz,* identificada por la DEA y la PGR como cabeza de una red de lavado de dinero de *El Chapo* Guzmán e Ismael *El Mayo* Zambada. Estos enfrentamientos modificaron la configuración de la *Federación* y del cártel de Sinaloa: los Beltrán Leyva regresaron a la organización en la que se formaron, el cártel de Juárez, y ahora están aliados con Vicente Carrillo y con *Los Zetas*. Además de su lugar de origen y feudo, Ciudad Juárez, sus zonas de influencia son Jalisco, Durango, Coahuila, Sonora, el Distrito Federal, Yucatán y Quintana Roo.

Estructuras intactas

TANTO EL CÁRTEL DE SINALOA como el del Golfo han resultado menos golpeados que los cinco restantes que operan en México: el de Tijuana, el del *Milenio,* el de los hermanos Amezcua Contreras, el de la organización Díaz Parada y el de los Beltrán Leyva, contra quienes el gobierno endureció sus ataques en los dos últimos sexenios. En lo que toca al cártel del Golfo, pese al arresto en 2003 de su jefe, Osiel Cárdenas Guillén, y no obstante que muchos miembros de *Los Zetas,* brazo armado de esa organización, han sido detenidos o asesinados, ésta mantiene intactas sus piezas importantes y, desafiante, se expande por todo el país. Tras el encarcelamiento y extradición de Osiel Cárdenas, el control del cártel recayó en Eduardo Costilla, *El Coss,* uno de los hombres de mayor confianza de Osiel. El movimiento resultó natural: ya desde antes, cuando Osiel salía de viaje en busca de cargamentos, la marcha del cártel le era encargada a Costilla, quien entregaba cuentas al regreso del patrón. Otras figuras que siguen operando en la impunidad son Ezequiel Cárdenas Guillén,

Tony Tormenta; Héctor y Gregorio Sauceda Gamboa, este último conocido como *La Caramuela;* Zeferino Peña Cuéllar, *Don Zefe;* Alfonso Lam, *El Gordo* Lam; Jesús Enrique Rejón, *Mamito,* y Heriberto Lazcano Lazcano, *El Lazca,* jefe de *Los Zetas.*

Según la radiografía de las organizaciones de narcotraficantes elaborada por la SSP, el cártel del Golfo domina en 10 estados del país —Tamaulipas, Veracruz, Guerrero, Tabasco, Campeche, Yucatán, Quintana Roo, Michoacán, Coahuila y Nuevo León— y en sus ciudades más importantes. Y tras su alianza con el cártel de Juárez y los Beltrán Leyva, consolidó su presencia en Chihuahua, Sonora, Sinaloa, Chiapas y Oaxaca. De este cártel se desprendió un grupo —quizás uno de los más violentos— que públicamente se autodenominó *La Familia.* Apareció en 2005 en Michoacán, pero ahora domina el Estado de México, Hidalgo, Guerrero y Jalisco, y se le atribuyen decenas de ejecuciones y decapitaciones en esos estados.

Los Zetas, por su parte, se han reforzado como grupo independiente al cártel del Golfo, diversificando sus actividades delictivas: trafican con drogas, pero también realizan secuestros y extorsiones. Por ejemplo, cobran cuotas fijas de protección a empresarios pudientes de varios estados del país. También llamado "Ejército del Narco", *Los Zetas* han incorporado a sus filas a kaibiles desertores del Ejército de Guatemala, uno de los países utilizados como bodega de drogas por los cárteles de Sinaloa y del Golfo. Desde ahí, los cargamentos son introducidos a México por Tenosique, Tabasco; luego cruzan por Veracruz y llegan a Tamaulipas, desde donde son enviados a Estados Unidos. El número de miembros de *Los Zetas,* según datos consultados en la SSP y en la PGR, se calcula entre 600 y 700. No todos son ex militares, pero han recibido entrenamiento "paramilitar".

AGUASCALIENTES

ADIÓS AL PARAÍSO

VERÓNICA ESPINOSA

CONSIDERADO DURANTE AÑOS un espacio neutral en el que no había conflicto entre narcotraficantes, el estado de Aguascalientes era un paraíso donde vivían no sólo familias de algunos capos, sino, se afirma, inclusive el mismísimo *Chapo* Guzmán. El oasis se diluyó a partir de 2006, con la irrupción y disputa territorial de otros cárteles —sobre todo el del Golfo—, lo que ha ocasionado frecuentes asesinatos y secuestros. Filiberto Ramírez Lara, el primero de los tres titulares de la Secretaría de Seguridad Pública que han pasado por la administración del gobernador panista Luis Armando Reynoso Femat, lo decía hace un par de años recio y quedito, en privado y en público, en reuniones con empresarios y con reporteros: el estado era un paraíso de tranquilidad, gracias a que ahí residían familias de algunos de los principales capos del narcotráfico mexicanos.

En la atmósfera resonaban sobre todo los apellidos Guzmán Loera y Arellano Félix. De hecho, refiere la diputada local del PRD Nora Ruvalcaba Gámez, "se decía que aquí vivían familiares de *El Chapo,* incluso el mismísimo *Chapo,* como vecino de uno de los fraccionamientos de condominios". Recuerda la legisladora que por aquellas fechas "Aguascalientes llegó a ser considerado como un territorio neutral porque aquí no había el conflicto territorial de los grupos". Y con ella coincide el presidente estatal de la Coparmex, César González —hijo del ex gobernador Felipe González González y actual senador del PAN—, quien señala: "Nos decían que aquí —cuando a principios de la década la capital era reconocida por tener el más alto nivel de vida a escala nacional— éramos un paraíso porque no teníamos problemas de consumo de drogas; que era tan tranquilo, que las familias de los narcotraficantes podían vivir aquí; que era un paraíso para ellos porque no se les tocaba".

Pero esa tranquilidad terminó violentamente a partir de 2006, cuando, además de los enfrentamientos entre los cárteles de Juárez y de Sinaloa, se han detectado irrupciones de *Los Zetas,* principalmente en la capital del estado y en los municipios colindantes con Zacatecas. Se ha reportado igualmente la presencia de *Los Pelones* —la célula del cártel del Golfo encabezada por Édgar Martínez, *La Barbie*— en municipios como Jesús María, Pabellón de Arteaga y San Francisco de los Romo. Y esto, junto con la proliferación de puntos de narcomenudeo, se ha traducido en numerosos enfrentamientos entre sicarios y policías, en desapariciones forzadas de empresarios —al igual que la de un juez— y en fosas clandestinas con cadáveres. Se han disparado, igualmente, los robos de autos y de cajeros automáticos, además de que recientemente se desmanteló un invernadero de mariguana en una granja que recibía recursos de Procampo.

Debido a que, de acuerdo con la PGR, Aguascalientes tiene ya el primer lugar nacional en secuestros —en proporción con el número de habitantes—, muchas de sus principales víctimas, los empresarios, están emigrando con sus familias a Estados Unidos, sobre todo a San Antonio, Texas. A junio de 2009 se han dado a conocer públicamente siete secuestros, todos de empresarios, la mayor parte de los cuales han vuelto a sus hogares con el pago de los correspondientes rescates, que oscilan entre un millón de pesos y un millón de dólares. El fenómeno ha ocasionado que a las oficinas de los organismos empresariales lleguen numerosos representantes de empresas de seguridad a ofrecer escoltas, equipo, tecnología, vigilancia electrónica, autos blindados y, aún más, seguros antisecuestro con primas de hasta 750 mil pesos anuales para garantizar rescates que pueden alcanzar los 10 millones de pesos. Los agentes de este tipo de negocios piden a los líderes empresariales organizar encuentros con los integrantes del sector, a quienes, por supuesto, exhiben primero las evidencias de la escalada de violencia para despertar el interés de sus potenciales clientes. Al respecto, el presidente estatal de la Canacintra, Francisco Dávila Ponce, quien en octubre de 2008 fue encañonado por delincuentes, en compañía de su hija, dentro de su domicilio —y por lo cual estuvo a punto de irse del estado—, manifestó: "Las beneficiadas de esta crisis de inseguridad son las empresas de seguridad; no porque la provoquen, sino porque así están pasando las cosas". Otros empresarios entrevistados señalaron que la mayoría de los integrantes de esas empresas fueron policías, por lo que, advirtieron, son "un arma de doble filo".

"Jueves negro"

EN FEBRERO DE 2006, durante un enfrentamiento con sicarios y policías estatales, murieron cuatro elementos municipales en medio de una refriega atribuida a la irrupción del brazo armado del cártel del Golfo, y en diciembre del mismo año fue ejecutado el comandante del Grupo Especial de la Policía Municipal, Martín González Delgado. Al siguiente año, el 15 de febrero de 2007, se produjo un suceso que es conocido como el "jueves negro" de Aguascalientes. Luego de la volcadura de una camioneta blindada que era conducida por el presunto narco Norberto González Hernández, *La Sombra,* en el camino a *La Cantera* —hoy avenida Juan Pablo II—, un grupo de sicarios acudió a rescatar armas, uniformes, dinero y droga. Cuando llegaron las autoridades policiacas, se desató una balacera y hubo una prolongada persecución que culminó con el descubrimiento de seis casas de seguridad y la detención de nueve sicarios, además de *La Sombra,* quien, de acuerdo con versiones oficiales, posteriormente confesó haber sido el asesino del comandante González Delgado. Unos días más tarde, el gobernador Luis Armando Reynoso Femat declaró: "Estos cárteles [de Juárez y del Golfo] han estado avanzando nacionalmente, están presentes en todos y cada uno de los estados y desafortunadamente aquí habían estado operando con mucha tranquilidad [...]. Creo que fueron víctimas de sus propios errores [...]. Este suceso fue casuístico, se dio por un accidente provocado por ellos mismos". Sin embargo, al poco tiempo de ese 'suceso casuístico' fueron descubiertas varias fosas clandestinas —en el rancho El Chacho, una de las casas de seguridad de los sicarios detenidos el "jueves negro"— con restos humanos, entre ellos los de un empresario de bares y antros, Pablo Noriega, personaje involucrado en la venta de drogas y a quien ya habían levantado y torturado en varias ocasiones.

Para abril del mismo año, un comando de 16 sicarios entró al establecimiento nocturno Maverick y se llevó al propietario —conocido como *El Johnny*—, a uno de los amigos que lo acompañaban, a tres albañiles que hacían trabajos de remodelación y a cuatro coreógrafos que montaban un espectáculo para la reapertura del lugar.

Cuando policías municipales y estatales los perseguían, se desató un enfrentamiento en el que murió un agente al servicio del estado y quedaron heridos otro de Aguascalientes y dos de Loreto, Zacatecas, hasta donde huyeron los sicarios, sin que se lograra rescatar a las personas secuestradas. Los empresarios fueron el siguiente blanco. A finales de mayo de 2008, el hijo de Nicolás Martínez Lara —dueño de una cadena de empresas vinícolas— fue plagiado cuando comía en un restaurante y, luego de 35 días de negociaciones, la familia pagó un rescate de un millón de dólares y los secuestradores lo entregaron. No tuvo la misma suerte el transportista Gerardo Medrano Ibarra, cuya familia es propietaria de la compañía Frío Express. Él murió el 2 de julio de 2008 a raíz de que una banda de pistoleros intentaron cerrarle el paso en varias camionetas y le dispararon, lo cual ocasionó que Medrano estrellara su vehículo contra un poste de luz. A mediados de agosto de ese mismo año, la juez calificadora del municipio de San José de Gracia, Maribel Armendáriz López, fue sacada de su casa por varios sujetos armados, quienes posteriormente también secuestraron a la agente municipal Ana María Rodríguez Torres. El mismo día se reportó la desaparición del director de la Policía Municipal de Tepezalá, José Luis Delgadillo, cuyo hijo fue igualmente plagiado por un grupo de hombres encapuchados. Dicha jornada terminó con un enfrentamiento entre sicarios y militares en una gasolinería de Rincón de Romos, en la que murió el capitán Jesús Castro Cutiño.

Aunque la guerra de los cárteles se ha resentido a partir del "jueves negro", para la diputada local Nora Ruvalcaba éstos se hallan presentes desde 2002, cuando el gobernador de la entidad era Felipe González. Refiere: "Durante el sexenio de Felipe González comenzaron a verse varias inversiones; lavado de dinero en discotecas y restaurantes; ramificaciones del crimen organizado como prostitución, trata de blancas y armas. Yo fui regidora del ayuntamiento de la capital. Nos dimos cuenta de lo que empezaba a ocurrir en las revisiones que se hacían en los antros". Y apunta: "No habría sido posible que el narcotráfico se asentara en Aguascalientes con tal violencia si no hubiera sido con la venia del gobierno en turno, la corrupción de los altos mandos policiacos y la omisión de las autoridades, que con ello se estarían convirtiendo en cómplices".

Un estado de excepción

MIENTRAS TANTO, los secuestros no cesan. En noviembre de 2008 la víctima fue el empresario Juan Luis Delgado, dueño de varios lotes de automóviles, por cuyo rescate se pagó un millón y medio de pesos, y a finales de diciembre tres agentes policiacos fueron asesinados. Jesús Romo, un empresario de 80 años de edad, cabeza de una de las familias más reconocidas y estimadas en el estado, propietaria de negocios del ramo automotriz, fue literalmente sacado de sus oficinas el miércoles 11 de febrero de 2009, en la transitada avenida José María Chávez, en plena tarde, por sicarios que llegaron en tres camionetas. Y aunque presuntamente fue rescatado el 20 de febrero "gracias a los diversos operativos realizados por todo el estado por parte del Ejército mexicano, fuerzas federales, Policía Estatal y Ministerial", no se dieron detalles oficiales sobre los secuestradores y la forma en que fue liberado. La Secretaría de Seguridad Pública Municipal se limitó a informar lo antes dicho y "que las personas que tenían privado de su libertad al empresario finalmente lo liberaron sin haberle causado daño alguno".

El dirigente de Coparmex, César González, advierte: "Este último plagio causa mucha preocupación porque rompe el perfil típico de los secuestros. La autoridad nos había dicho que los delincuentes no secuestrarían a mujeres, a personas mayores o a niños, sino a empresarios jóvenes, que es el perfil que buscan los secuestradores. Pero lo del señor Romo causa honda preocupación". A su vez, el presidente saliente de la Canacintra, Francisco Dávila Ponce, considera que este plagio es, en sí, un mensaje de las organizaciones criminales para retar al gobierno, como está ocurriendo "con el aumento desproporcionado de muy diversos delitos, en todos los órdenes, como una escalada estratégica para enfrentar al Estado [...]. Los secuestradores de don Jesús Romo actuaron con total descaro, se metieron a una calle céntrica, entraron a sus oficinas y lo sacaron. Creo que esta acción implica un mensaje adicional a la autoridad, una forma de decir: 'Vamos con todo'. El crimen organizado ha trabajado de manera muy inteligente; si agrede de manera brutal a la sociedad en un estado como Aguascalientes —donde no estamos acostumbrados—, como sociedad nos sentimos agredidos y le reclamamos al gobierno. Y cuando el gobierno no tiene la capacidad de respuesta ante esa ola de criminalidad, se cae en un estado de excepción". Lo que se pretende, analiza Dávila Ponce, "es poner a la sociedad en contra de sus propios gobiernos. Es la mafia organizada de México, compuesta por varios grupos y que maneja negocios en diversas vertientes del crimen".

Magros resultados

EN MEDIO DEL HERMETISMO OFICIAL que prevalece en la entidad respecto al tema —la Procuraduría de Justicia del estado se negó inclusive a proporcionar a esta reportera cifras de los índices delictivos—, destacan los cambios que, a partir de 2008, se han producido en los mandos de las autoridades responsables de combatir el crimen. Tanto la Secretaría de Seguridad Pública como la Procuraduría de Justicia del Estado han cambiado de titular tres veces en el gobierno de Reynoso Femat. Durante los primeros tres años de la presente administración, el secretario de Seguridad fue Filiberto Ramírez

Lara. En mayo de 2008, éste fue sustituido al mando de la SSP por Heberto Ortega Jiménez, quien ocupaba la Procuraduría de Justicia. Sin embargo, Heberto Ortega no permaneció ni medio año en ese puesto, ya que en octubre fue relevado por el general retirado Rolando Eugenio Hidalgo Eddy, quien durante varios años estuvo en Sinaloa al frente del Ejército, y a quien se atribuye una "guerra personal" en contra de *El Chapo*.

Los dirigentes empresariales afirman haber impulsado este nombramiento porque, de acuerdo con algunos hombres de negocios, el general Hidalgo Eddy podría entablar una batalla frontal contra el cártel de Sinaloa. "Ante las evidencias de infiltración del narcotráfico en las corporaciones policiacas, principalmente en la policía estatal", dice César González, "los hombres de negocios, a través de los organismos empresariales, habíamos pedido una militarización". En tanto que Francisco Dávila, titular de Canacintra, puntualiza: "Nosotros como empresarios le recomendamos al gobernador hacer este nombramiento. Claro que es polémico, pero es uno de los pocos de este país que tiene la experiencia y los tamaños para hacerle frente a quien le pongan".

Originario de Nuevo León, el general Hidalgo Eddy ha formado tres unidades del Ejército: la XLIV Zona Militar de Miahuatlán de Porfirio Díaz, en Oaxaca; el Cuerpo de Fuerzas Especiales, y el grupo Anfibios de Fuerzas Especiales. Además de haber sido agregado militar y aéreo en Guatemala, Honduras, Israel, Rusia, Ucrania y Rumania, estuvo en dos ocasiones al frente de la Novena Zona Militar en Sinaloa, en donde se le atribuyen varios operativos en contra de las redes de *El Chapo* Guzmán. En respuesta, se ha reportado, al general le dejaron un cadáver en la puerta del cuartel y, posteriormente, cabezas de perros, con letreros en los que le advertían que sería ejecutado. Pero entre las historias que lo rodean se hallan también las relativas a que, durante sus operativos, ha cometido múltiples arbitrariedades y violación de derechos humanos contra la población, así como la de hallarse coludido con *Los Zetas,* como se publicó en un desplegado del diario *El Debate* de Culiacán.

Aunque los líderes empresariales admiten que en los cinco meses que tiene al frente de la SSP el general Rolando Eugenio Hidalgo Eddy —quien a finales de enero anunció que la Sedena lo autorizó a dotar de armamento militar a los elementos a su cargo—, "no ha habido resultados en cuanto a la reducción de los delitos", por lo menos "vemos operativos un poco más coordinados y decididos".

DEL PROCAMPO AL "PRONARCO"

EN SEPTIEMBRE DE 2008, Fuerzas Federales de Apoyo encontraron e incineraron alrededor de mil 500 matas de mariguana plantadas a la sombra de varias naves industriales en un predio situado al pie de la carretera. La noticia sería poco relevante de no ser porque el hecho permitió descubrir que familiares de prominentes capos del narco realizaron esos cultivos con recursos del Procampo. La diputada Ruvalcaba sigue esperando una respuesta del gobierno federal a la denuncia que hizo un mes después del operativo, cuando dio a conocer una lista de familiares de varios capos, radicados principalmente en Sinaloa, Michoacán y Durango, presuntamente beneficiarios del Procampo. Hasta ahora, dice, no sólo se ha topado con el silencio del gobierno federal —particularmente del secretario de Agricultura, Alberto Cárdenas—, sino con algo peor: "Ni siquiera se sabe que se haya iniciado una investigación oficial".

Ruvalcaba lanzó también un llamado al Congreso de la Unión, pues inicialmente había encontrado eco en algunos diputados de su partido para revisar los "candados" de Procampo y otros apoyos dirigidos a productores agrícolas. En los hechos, insiste, nada de esto se ha concretado. Hizo notar que el dueño del predio referido, Francisco Muñoz González, figuraba entre los beneficiarios de ése y otros programas, como el de diesel agropecuario y energía eléctrica. En su denuncia inicial, la diputada perredista mencionó la posibilidad de que los gobiernos federal y estatal pudieran estar financiando la producción de mariguana en México mediante los apoyos gubernamentales. Pero después fue más a fondo y lanzó la acusación directa: "Procampo ha resultado ser el camuflaje perfecto para los grandes cultivadores de droga en el país, en razón de que las principales ramas genealógicas del narco mexicano se han multiplicado en los campos temporaleros regados con el dinero público", la mayoría desde que este programa comenzó a operar, en 1995.

Con documentos oficiales de la Secretaría de Agricultura, Ganadería, Desarrollo Rural y Pesca (Sagarpa) en mano, la legisladora enlistó: Jesús, Ofelina y Aureliano Guzmán Loera —hermanos de Joaquín *El Chapo* Guzmán— aparecen como beneficiarios también desde 1995 en diversos predios de Badiraguato, en el rubro "otros cultivos" de Procampo, así como su sobrino Leobardo Elenes Salazar, por la siembra de sorgo. En el enlistado de 2008, por ejemplo, se indica que Jesús Guzmán Loera recibió cerca de 20 mil pesos por cultivar 20 hectáreas de temporal de "otros cultivos" no especificados, mientras que a Ofelina le entregaron 9 mil 280 pesos por ocho hectáreas en las mismas condiciones. Inés Coronel Barreras, padre de Emma Coronel Aispuro (con quien *El Chapo* se casó en julio de 2007), recibe el apoyo del programa federal para una pequeña propiedad en Canelas, en la localidad de Santiago Papasquiaro, en Durango, como ocurrió en el ciclo primavera-verano de 2000, cuando le entregaron casi 4 mil pesos por cinco hectáreas de maíz.

Todos recibieron recursos de Procampo todavía en el ciclo primavera-verano de 2008. En las listas de la Sagarpa aparece Alfredo

Beltrán Leyva, *El Mochombo,* quien recibió casi 10 mil pesos de apoyo para la siembra de un cultivo, no especificado, en 22 hectáreas en el ciclo primavera-verano de 1995. Y también sus hermanos Álvaro, Custodio, Amberto, Gloria, José Antonio, Francisco y Nieves; los Beltrán Félix (tíos de Sandra Ávila Beltrán, *La Reina del Pacífico)* y los Beltrán Uriarte, estos últimos como productores de maíz y sorgo. Destaca el caso de Jesús Raúl Beltrán Uriarte, identificado por las autoridades como lugarteniente de *Nacho* Coronel Villarreal, quien fue detenido por el Ejército en Guadalajara, en diciembre de 2006. Sin embargo, aparece en la lista de Procampo en el ciclo primavera-verano de 2008 con 8 mil 120 pesos por siete hectáreas de "otros cultivos" en Badiraguato. Lo mismo ocurre en el caso de Ventura Valencia Valencia, hermano del fundador del cártel del *Milenio* en Michoacán, Luis Valencia. Ventura se mantuvo en la lista de Procampo al menos hasta el ciclo primavera-verano de 2008 por la siembra de cuatro hectáreas de pastos perennes en la localidad de Buenavista, en Apatzingán, a pesar de que fue ejecutado en abril de ese año.

En Sinaloa, Jorge Abel y José Miguel, hermanos de Margarita Cázares Salazar, *La Emperatriz,* vinculada al cártel de Sinaloa, figuran como beneficiarios por la siembra de 35 y 3.6 hectáreas de sorgo, respectivamente, lo mismo que Jorge Luis Caro Payán (tío de Miguel Ángel Caro Quintero) y Alma Minerva Palma Salazar, hermana de *El Güero* Palma, en este caso por un total de 105 hectáreas de sorgo en dos propiedades diferentes. Josefina Amezcua Contreras aparece en el padrón de beneficiarios de Procampo con ocho hectáreas de "otros cultivos" en Comala, Colima. Jaime Quintero Páez, hermano de Lamberto Quintero Páez (asesinado en 1976 y cuya trayectoria delictiva fue tema de películas y diversos corridos), es beneficiario del mismo programa desde 1995 por sembrar maíz de temporal en Las Juntas, en Badiraguato, Sinaloa. Ahí aparecen José Alberto y Santiago, hermanos de otro de los capos de la década de los setenta, el duranguense Jaime Herrera Nevárez, y los hermanos de Pablo Acosta Villarreal, considerado uno de los narcotraficantes más sanguinarios en esos años y quien muriera en un enfrentamiento con la Policía Judicial Federal —entonces encabezada por Guillermo González Calderoni— en una operación apoyada por el FBI.

En cuanto al caso específico del narcoinvernadero de San Antonio de Montoya, municipio del Llano, prácticamente dentro de la mancha urbana de esta capital, la diputada señala en su denuncia que "Aguascalientes está a la vanguardia en la producción hidropónica de la mariguana cultivada con luz artificial, a través de un sofisticado sistema automatizado que no depende de los fenómenos meteorológicos". Este sistema, refiere, "reduce los costos de producción por el gran ahorro en el consumo de agua; por la menor cantidad de espacio para producir el mismo rendimiento del suelo; por la posibilidad de generar varias cosechas al año; por la reducción en gran medida de la contaminación del medio ambiente y de los riesgos de erosión; por la ventaja de no usar implementos agrícolas ni tractor ni arado o cosas semejantes, y sobre todo por ser un modelo hidropónico de poca inversión y grandes resultados que la mayoría de agricultores mexicanos desconoce". Según vecinos del lugar, este centro de producción tiene varios años funcionando. "Su hallazgo", dice la diputada, "fue casual; no es producto de la inteligencia policial de nuestras autoridades, y su operación no se explicaría sin la complicidad de altos funcionarios de todos los niveles de gobierno".

Ruvalcaba había propuesto una revisión integral del Procampo en el Congreso de la Unión, "una revisión libre de componendas políticas y de corrupción". El titular de la Secretaría de la Reforma Agraria, Abelardo Escobar, reaccionó admitiendo como una verdad lo expuesto por la legisladora aguascalentense. A su vez, la Sagarpa, en un comunicado de la delegación en Aguascalientes, dio a conocer que el propietario de la granja, Francisco Muñoz González, es beneficiario de Procampo desde 1994 y que, al incorporarse en 2005 al programa capitalizado con un proyecto de producción de leche, recibió 48 mil pesos en 2006 y otra cantidad similar en 2007, así como subsidios por 25 mil litros de diesel de 2005 a 2008. Aunque Muñoz alegó que rentó la granja donde operaba el narcoinvernadero, la Sagarpa aclaró que el propietario, de manera indebida, nunca hizo este reporte a la dependencia, y siguió recibiendo los recursos correspondientes a las 50 hectáreas de la propiedad. "Son excusas para evadir la investigación de los predios. Si aquí, en una granja que aparentemente no tenía nada que ver con el narco, se encontró mariguana, qué puede ocurrir en otras tierras", enfatiza Nora Ruvalcaba. En su denuncia pública, la diputada del PRD señala directamente a Luis Arteaga Niepmann, quien hasta septiembre de 2008 presidió el consejo de administración de la Comisión para el Desarrollo Agropecuario del estado y cuya familia es propietaria de la agroproductora La Huerta. Ruvalcaba pidió a las autoridades investigar a Luis Arteaga, pero, afirma, el gobernador Reynoso Femat desoyó la solicitud. Unos días antes de la denuncia, Arteaga se había convertido en uno más de los empresarios que emigró de Aguascalientes. "Ahí se fueron tres generaciones: los hermanos se llevaron a los papás y a sus respectivos hijos", comenta un amigo de la familia que pidió el anonimato.

CAMPECHE

POR TIERRA Y AIRE

ROSA SANTANA

LA EXUBERANCIA NATURAL, la pobreza de sus habitantes y la añeja corrupción gubernamental hacen del estado una base ideal para el narco. La presencia de los cárteles está documentada por lo menos desde hace dos décadas en esta entidad, la única de la República que tiene frontera con dos países: 195.2 kilómetros con Guatemala y 17.5 kilómetros con Belice. Actualmente padecen esa grave plaga Candelaria, El Carmen, Calakmul, Escárcega, Champotón, Hopelchén, Palizada y Campeche, ocho de los 11 municipios del estado, pero son los dos primeros donde tienen mayor arraigo.

Ocupada por inmigrantes provenientes de Durango, Michoacán,

Guerrero, Tlaxcala y Veracruz, que llegaron a partir del proceso de colonización que impulsó el gobierno de Miguel Alemán, Candelaria es una región fronteriza con Guatemala, limítrofe con Tabasco y colindante con El Carmen y Calakmul. Ahí, las bandas de narcotraficantes se amalgamaron con otras dedicadas al contrabando de armas, de indocumentados y de recursos naturales, pero también con sicarios, salteadores de caminos, abigeos y delincuentes menores. Luego, estos grupos tejieron relaciones con las mafias guatemaltecas e incursionaron en la política local.

Sus fronteras, la espesa selva, la accidentada topografía y su estratégica hidrografía (que forma parte del sistema Grijalva-Usumacinta) hacen de Candelaria una región atractiva para los cárteles, que desplazan su mercancía por las vías aérea, terrestre y fluvial. Ahí, en mayo de 1997, el Ejército detuvo a dos militares al servicio del cártel de Juárez: el teniente de administración José Óscar Mayorga y el subteniente de caballería Rey David Ramírez Marmolejo, porque intentaron sobornar con 100 mil dólares al capitán Pedro Maya Díaz, responsable del destacamento militar de La Tolva, para que permitiera el aterrizaje de un avión cargado de droga proveniente de Colombia. Después fueron aprehendidos otro ex militar y cuatro agentes de la Policía Judicial Federal, entre ellos el ex comandante del Instituto de Combate a las Drogas (INCD) Fernando Graciano García. Fue el detonante del llamado "caso Cancún".

En premio por su "lealtad", Maya Díaz fue ascendido a capitán segundo y reubicado en el 21 Regimiento de Caballería Motorizada, con sede en Nuevo Laredo, Tamaulipas. A la postre se descubrió que servía al cártel del Golfo y a Osiel Cárdenas. Junto con el general brigadier Ricardo Martínez Perea y el teniente de caballería Javier Antonio Quevedo Guerrero, Maya fue condenado por un consejo de guerra a 15 años de prisión y fue expulsado de las Fuerzas Armadas.

El 30 de octubre de 2003, en un paraje fronterizo de la misma zona conocido como Las Golondrinas, cerca de la Laguna del Toro y ya casi en territorio guatemalteco, fue emboscada una patrulla militar del 11 Regimiento de Caballería Motorizada, con saldo de dos soldados muertos y cuatro heridos. En las aldeas cercanas se asegura que el ataque ocurrió en el lado guatemalteco, pero para evitar un conflicto diplomático con Guatemala la escena se trasladó y recreó en el lado mexicano. Por ese lugar, que ya se conoce como "el paso de la muerte", también fue asesinado por esos tiempos el ganadero *Chepe* Morfín, a quien se le atribuían vínculos con el cártel del Golfo. Según los lugareños, sus descendientes continúan en el negocio.

Ya entonces la gente de la región señalaba a otro prominente ganadero, Antonio Farías González, como uno de los líderes locales del narcotráfico. Pero no fue sino hasta el 16 de septiembre de 2007 cuando la Procuraduría General de la República (PGR) comunicó que lo aprehendió por ser el "principal operador del cártel del Golfo en el estado de Campeche" y el "responsable de facilitar la operación de las avionetas que transportan droga procedente de Colombia para Joaquín *El Chapo* Guzmán". Actualmente, Farías González está recluido en el penal de máxima seguridad de El Altiplano, sujeto a proceso por delitos contra la salud y tráfico de indocumentados. La PGR lo vincula "con las organizaciones de Francisco Arsenio Ferrer Kuri, alias *Panchillo,* a través de quien pagaba a la célula criminal denominada *Los Zetas* por protección". Además, ha sido señalado por vecinos de Candelaria como el presunto asesino de un policía federal en Zacatecas.

Originario de La Huacana, Michoacán, Antonio Farías llegó en la década de los noventa a este municipio de Campeche, donde adquirió el rancho El California, que pronto se convirtió en uno de los más prósperos de la región. El predio cuenta con pista de aterrizaje y ahí se cría ganado vacuno tan fino que una universidad colombiana realizó un estudio sobre su rendimiento. Farías González obtuvo la concesión del sistema de televisión por cable en Candelaria, uno de cuyos canales producía el noticiero local. Y en 2004 el gobernador Jorge

Carlos Hurtado Valdez, con el entonces alcalde priista Antonio Piedra Castro, cortó el listón inaugural de Los Joaquines, el restaurante de Farías en la cabecera del municipio. También se involucró en la política local. En 2006 se le contó entre los principales patrocinadores de la campaña del munícipe panista Fernando Ramírez Félix, cuya madre —se cuenta en Candelaria— está recluida desde hace varios años en una prisión de Quintana Roo por vender droga al menudeo. El día que se anunció el triunfo de Ramírez Félix, fue Antonio Farías, al volante de su lujosa camioneta Escalade verde, quien abrió el "gallo" para celebrar.

En el proceso electoral de 2009, su primo Salvador Farías González, empresario michoacano que lidera la Unión Ganadera local, fue postulado por el PAN para presidente municipal de Candelaria, y Ramírez Félix para pelear la diputación local al candidato priista Candelario Salomón Cruz, un abogado que ha hecho fortuna defendiendo a narcotraficantes. El 27 de mayo, también de 2009, tras la detención de funcionarios michoacanos por las fuerzas federales, la presidenta del PAN en Campeche, María Asunción Caballero May, difundió en un comunicado que su partido "respalda de manera decidida las acciones del gobierno federal en el combate frontal a la delincuencia organizada y narcotráfico, y los candidatos a diversos puestos de elección popular de este partido se suman a esa tarea para garantizar la seguridad en el estado".

Pese a la detención de Farías González, la banda, que tiene ramificaciones en Guatemala, no fue desarticulada. Entre los presuntos capos que operan en la región, informes de inteligencia mencionan a los hermanos Rigoberto, Rogelio, Rubén y Ricardo Figueroa Ortiz, originarios de Michoacán y dueños de varios ranchos. Rigoberto es el actual dirigente municipal del PRI en Candelaria y fue director de Deportes del ayuntamiento con el alcalde Antonio Piedra Castro (periodo 2003-2006). En la ficha confidencial de los hermanos Figueroa Ortiz se les menciona como hijos de Leodegario Figueroa

Márquez, quien en 1993 fue detenido en Escárcega con más de una tonelada de mariguana y hasta la fecha está recluido en el penal de El Altiplano, en el Estado de México. De Rigoberto, el primogénito, se dice que es compadre de Ismael Zambada, *El Mayo,* y de Alcides Ramón Magaña, *El Metro,* otro capo del cártel de Juárez que está en El Altiplano.

Durante el sexenio de Jorge Salomón Azar García (1991-1997), cuando fueron constantes los "bombardeos" de cocaína desde aeronaves, uno de los cargamentos cayó en el rancho Las Maravillas, supuesta propiedad de los hermanos Figueroa. La droga nunca fue hallada por las autoridades.

Los informes también identifican como cabecillas del narco campechano a Jesús Lagunes, a una persona apodada *El Diablo* y a otra más, de apellido Villalobos. Éste es propietario de una gasolinera en la región y se le señala como prestanombres de Antonio Farías.

Contrabando aéreo

A LO LARGO DE ESTAS DOS DÉCADAS se han difundido historias de vuelos realizados por intrépidos pilotos a las órdenes de los cárteles para transportar droga o capos. Según el expediente PGR/SIEDO/UEIDCS/117/2006, la noche del 10 de abril de 2006 el Ejército incautó en el aeropuerto internacional de Ciudad del Carmen un avión Boeing DC-9-15, de bandera estadounidense y matrícula N-900SA, que traía 5.5 toneladas de cocaína de Caracas, Venezuela.

En ese operativo fue detenido el venezolano Miguel Vicente Vázquez Guerra, uno de los pilotos de la nave, pero el otro, su hermano Carmelo, escapó con ayuda de elementos de la hoy desaparecida Policía Federal Preventiva (PFP) asignados a esa terminal aérea, uno de los cuales desertó a partir de ese momento. En la misma acción se aseguró el avión Falcon 20, matrícula XB-IYK, que dos días antes había llegado de Toluca. Lo tripulaban Marco Aurelio Pérez de Gracia y el campechano Fernando Joaquín Poot Pérez, ambos pilotos de la Comisión Nacional del Agua, quienes luego de su detención dijeron que estaban al servicio de "cuatro turistas" que no regresaron. Se cree que esos "turistas" eran los destinatarios del cargamento, uno de los más grandes que se han asegurado en el país y que, según las indagaciones, era propiedad de *El Chapo* Guzmán. En el DC-9-15 de 60 plazas estaban apiladas 128 maletas de equipaje sobre los asientos. Cada una contenía 40 paquetes de cocaína, cuyo valor en el mercado negro fue calculado por el Ejército en 800 millones de pesos. Incluso se llegó a pensar que la droga estaba destinada a diferentes cárteles, porque los fardos tenían marcas como alacranes, estrellas o equis.

Pérez de Gracia fue piloto del helicóptero presidencial en los sexenios de José López Portillo, Miguel de la Madrid y Carlos Salinas de Gortari, en tanto que Poot Pérez, quien presuntamente intentó suicidarse en prisión, manejó el avión del gobierno de Quintana Roo en los periodos de Miguel Borge Martín (1987-1993) y Mario Villanueva Madrid (1993-1999), este último preso también por nexos con el narcotráfico. Además, a Poot Pérez, quien fungía como subgerente de coordinación de vuelo de la Comisión Nacional del Agua, se le atribuyó un presunto parentesco político con el influyente constructor Augusto Gordillo Díaz, de origen chiapaneco pero radicado en Campeche, cuyas propiedades (incluida su residencia, en el malecón de esta ciudad) fueron cateadas por la AFI tras el decomiso del avión. También se revisaron los domicilios de los elementos de la PFP involucrados. Apenas el año pasado, la Interpol, la DEA y la Policía Nacional de España revivieron este caso a raíz de la detención, en Guinea Bissau, de Carmelo Vázquez Guerra, a quien se relaciona con *El Chapo* Guzmán. Según reportes periodísticos de España, en aquella ocasión "la Fiscalía antidrogas de México emitió a través de Interpol una orden internacional de captura contra Carmelo Vásquez, quien no obstante se evadió de nuevo cuando estaba a punto de ser entregado a funcionarios mexicanos que esperaban en Lisboa".

Narcoavionazos

El 24 de septiembre de 2007, en el municipio de Tixkokob, Yucatán, a 15 kilómetros de Mérida, la Fuerza Aérea Mexicana derribó el avión con matrícula estadounidense N987SA, procedente de Medellín, Colombia. Después de una persecución que inició en el Caribe, sobre la frontera entre Belice y Quintana Roo, el jet ejecutivo de 24 plazas cayó en el rancho San Francisco. Se partió en tres, por lo que se dispersó su cargamento, 3.7 toneladas de cocaína distribuidas en 132 paquetes de 25 kilos cada uno.

El piloto escapó, pero fueron detenidos el copiloto colombiano Omar Alfredo Jácome y los mexicanos Dante Paz y Leonel Ayala, a quienes se considera personal de apoyo de los narcotraficantes en tierra (averiguación previa AP/PGR/YUC/MER-V/258/2007). El avión había servido antes a la CIA y a la DEA, y primero se especuló que el cargamento podía pertenecer a la primera. De hecho, el mismo día del suceso, el Ejército impidió que seis agentes de la DEA se acercaran a los restos de la nave para inspeccionarla.

En un reportaje firmado desde Bogotá por Gonzalo Guillén, el periódico *Nuevo Herald* de Miami dio a conocer que el avión destruido en México fue utilizado durante años por el gobierno de Estados Unidos para extraditar narcotraficantes desde Colombia, e incluso, desde 2005, para trasladar presuntos terroristas desde Europa a la base militar de Guantánamo, en Cuba. Según la agencia especializada Narconews, el avión fue operado por la compañía Donna Blue Aircraft, con sede en Coconut Creek, Florida; posteriormente pasó a S/A L.L. Holding y luego se puso en venta. Finalmente lo adquirió Gregory D. Smith, quien según la agencia "puede ser el mismo Greg Smith, piloto de confianza del FBI y de la CIA que hizo múltiples vuelos, entre 1999 y 2002, para transportar narcotraficantes colombianos".

Otro caso muy sonado fue el de la avioneta turbocomander King Air, que en 1994 salió de Margarita, Venezuela, con un cargamento estimado en una tonelada de cocaína. Esta droga nunca fue encontrada. La nave aterrizó en la entonces recién inaugurada autopista Campeche-Champotón. Su piloto, Herson Zirahuén Guevara, fue detenido y poco después se acogió al programa de testigos protegidos para declarar contra Raúl Salinas de Gortari en el proceso que se le seguía al hermano del ex presidente. Para que la avioneta aterrizara, previamente fueron cortados todos los señalamientos viales que había a lo largo de la carretera y se cerró ésta al tránsito. Según investigaciones del Ejército, para esto los narcos contaron con el apoyo del delegado de la PGR, Antonio Tiro Sánchez; del director de Seguridad Pública, Gilberto Farfán Talango, y del comandante de la Policía Federal de Caminos, Mario Mena Hurtado, quienes años antes formaron parte del equipo del ex jefe policiaco Arturo Durazo Moreno.

El 10 de mayo de 2000 fue secuestrado en la zona arqueológica de Calakmul el helicóptero Dolphin, matrícula AS-365-N2, de la empresa Aeroservicios Especializados S.A. de C.V., que había sido rentado en Ciudad del Carmen. Los secuestradores se llevaron la nave junto con su copiloto y la abandonaron en Nicaragua, cerca de un poblado llamado Guinea, donde presuntos narcotraficantes acribillaron a una familia campesina (incluidos niños), que supuestamente avisó a las autoridades del aterrizaje. En Nicaragua se detuvo a tres implicados en el caso: Rubén Francisco González King, un sujeto apodado *El Capi* y Luis Adrián Méndez Romo, quien se dijo que se ahorcó en la cárcel con su cinturón.

Las aeropistas son tan importantes en la zona que, en los primeros días de 2002, el ganadero tabasqueño Arturo Macossay Pérez, dueño de un rancho en Candelaria, fue acribillado por un par de gatilleros en la carretera federal Villahermosa-Escárcega por haber prestado su maquinaria a los soldados para la destrucción de unas pistas clandestinas. Y aunque es en Campeche donde más narcoaviones han caído por accidente, en el vecino estado de Quintana Roo, el 24 de febrero de 1999 el Ejército detuvo muy cerca de Chetumal a Ofelia Fonseca Núñez, hija de Ernesto Fonseca Carrillo, *Don Neto,* junto con su esposo, José Manuel Rico Sánchez, *El Varilla,* a quien la PGR presentó en el momento como José Manuel Padierna Sánchez, miembro del cártel de Juárez, cuando en realidad se le consideraba pieza clave en la estructura del cártel de Tijuana. Fonseca Núñez fue detenida por agentes federales en la carretera Sinaí-Miguel Alemán, luego de que su avioneta aterrizara en esa vía, cargada con 462 kilos de cocaína. Fue condenada a 15 años 11 meses y siete días de prisión. Además del avión, se aseguraron tres vehículos, un fusil AK-47, 100 litros de gasavión y cinco kilos de goma de opio.

LA DISPUTA POR GUATEMALA

ISAÍN MANDUJANO

Aunque de acuerdo con las actuales autoridades policiacas del estado el cártel de Sinaloa tiene décadas operando en Chiapas, al punto de que aquí fue detenido, en 1993, *El Chapo* Guzmán, la entidad se había visto relativamente aislada de la violencia del narcotráfico hasta que en 2008 el cártel del Golfo decidió disputarle plaza por plaza. A mediados de 2009, cuando la Secretaría de Seguridad Pública local se encuentra en "estado de alerta", los chiapanecos han visto recrudecerse los enfrentamientos de las bandas entre sí y con elementos de la policía federal, la policía estatal y el Ejército mexicano. Mientras crecen los decomisos de cargamentos de drogas, de grandes arsenales y de miles de dólares, se han ido multiplicando los "levantones", desapariciones, extorsiones, secuestros y cruentas batallas que se libran, sobre todo, en Tapachula, Comitán, Comalapa, San Cristóbal de Las Casas, Tuxtla, Palenque, Ocosingo, Villaflores, Reforma y Pichucalco.

Hasta mediados de 2008, los líderes del cártel de Sinaloa, aliados a grupos de narcotraficantes centroamericanos, poseían el dominio absoluto del paso transfronterizo de drogas que, procedentes de Sudamérica, se concentraban en la "gran bodega" que es Guatemala. Si bien antes de 2008 ya habían caído acribillados por el narcotráfico policías federales en Comitán, Ocosingo y Palenque, y se habían registrado narcoejecuciones en ranchos de Ostuacán, así como cateos y decomisos en Venustiano Carranza, un enfrentamiento a tiros que se produjo en Tuxtla Gutiérrez el 6 de junio de 2008 abrió la escalada de violencia en Chiapas. Por vez primera se supo entonces públicamente de una célula de sicarios ligada al cártel del Golfo, que comandaba Elías Nieto Menéndez, alias *El Maya,* en la ciudad de Palenque, a raíz de un incidente vial con un agente de tránsito que derivó en un enfrentamiento a tiros con los pistoleros que cubrieron la retirada de *El Maya.*

El procurador Amador Rodríguez Lozano y su mano derecha, el director de la Policía Ministerial, el general retirado Juárez Escalera, empezaron por esas fechas una serie de operativos en los que se anunció un decomiso de casi dos toneladas de cocaína (23 de junio) aunque unos días más tarde Rodríguez Lozano aseguró que no había sido alcaloide, sino "lactosa". No obstante, poco después, José Luis Altuzar Zamudio, jefe del Grupo Táctico de la Policía Ministerial, fue abatido a balazos y una cartulina dejada en su vehículo reclamaba la cocaína decomisada. Se dijo que sus ejecutores fueron sicarios de *Los Zetas* liderados por Sergio Peña, alias *El Concord,* un ex convicto que escapó de una cárcel de Tamaulipas y que operaba en el centro de la entidad.

Asimismo, en Villaflores, el 26 de junio de 2009 hubo un enfrentamiento que culminó con el desmantelamiento de una célula que operaba en la región. Dos sicarios, ligados a *Los Zetas,* quedaron muertos en la casa donde vivían y uno más pudo sobrevivir a la narcobalacera, Uriel Valencia Valencia. Desde entonces, la violencia se ha venido recrudeciendo en Comitán y otros municipios fronterizos, donde una célula del cártel del Golfo controlaba el área desde un rancho, cuyos integrantes dominaban el tráfico de drogas y de migrantes, los secuestros, las extorsiones y hasta el cobro de piso a bares y cantinas. Fueron ellos autores de una serie de levantones, ejecuciones y desapariciones. Inclusive, en la guerra que libran los cárteles del Golfo y de Sinaloa, dos ingenieros que laboraban para el gobierno estatal fueron confundidos con miembros del segundo, por lo que *Los Zetas* los levantaron, ejecutaron, incineraron y desaparecieron sus cuerpos en una fosa clandestina. Desmantelada esta célula, al parecer liderada por alguien conocido sólo como *El Amarillo,* otra más se asentó en la plaza y "levantó" y ejecutó al empresario comiteco Roberto Figueroa Mazariegos.

Como los grupos ligados al cártel del Golfo no se conforman con dominar ciertas zonas del sur de México, ahora van con todo sobre Guatemala, como lo reconoció el presidente de ese país, Álvaro Colom. Desde esta región comiteca, un grupo de sicarios operó e incursionó el 30 de noviembre de 2008 en el paraje de Agua Zarca, municipio de Santa Ana Huista, departamento de Huehuetenango, para pretender ejecutar a un capo guatemalteco. En la refriega, cuyo saldo fue de 17 muertos, los mexicanos llevaron la peor parte. Al igual que en Comitán, los grupos operan en la Frontera Comalapa, región en la que se han cateado casas y ranchos, al igual que en los municipios circunvecinos de Tapachula, donde han sido desmanteladas varias células de sicarios y decomisados grandes cargamentos de cocaína. En diciembre de 2008, en esta área se verificó una ejecución de ocho personas que fueron encontradas encostaladas en el municipio de Tuxtla Chico. La mayoría de las víctimas y victimarios, como en otros casos, provenían de varios estados de México y de Centroamérica. En el norte de

Chiapas, ruta por la cual los grupos de narcotraficantes y sicarios migran y se instalan temporalmente en Tabasco, suelen operar desde ranchos de Pichucalco, Reforma, Ostuacán y Juárez, sitios en los que, tan pronto como una célula es desmantelada, otra la sustituye.

Autoridades cuestionadas

PESE A ESTE PANORAMA, el estado de Chiapas vive secuelas de desinformación sobre el narcotráfico, al mismo tiempo que descrédito de algunas de las más altas autoridades encargadas de la seguridad y la justicia. Por ejemplo, durante el último año de gobierno de Vicente Fox, el procurador General de la República Daniel Cabeza de Vaca manifestó —en el marco de una visita a la entidad realizada el 20 de abril de 2006— que en Chiapas no había cárteles del narcotráfico, sino "pequeñas células que tratan de apropiarse de las plazas para controlar el mercado del narcomenudeo". A su vez, quien hasta el 13 de enero de 2009 fungió como procurador de Justicia del estado, Amador Rodríguez Lozano, y su director de la Policía Ministerial, el general retirado Marcos Esteban Juárez Escalera, fueron acusados públicamente por ex policías ministeriales despedidos de incurrir en múltiples irregularidades, como la de convertir en "lactosa" un cargamento de cocaína y borrar las evidencias. Lo mismo pasa con el recién nombrado titular de la Secretaría de Seguridad Pública y Protección Ciudadana (SSPPC), José Luis Solís Cortés, alias *El Dragón,* un ex comisario de la PFP que, de acuerdo con un reportaje publicado en la edición número 453 de *Proceso,* estuvo ligado a *La Hermandad del Polvo Blanco,* conformada por servidores públicos protectores del crimen organizado. Tanto este nombramiento como el del nuevo procurador general de Justicia del Estado, Raciel López Salazar —quien fue funcionario de la PGR en varios estados del país—, fueron cuestionados por sus presuntos vínculos con el narco e interpretados como imposiciones de la Secretaría de Gobernación que encabeza Fernando Gómez Mont.

El secretario de Seguridad Pública, José Luis Solís Cortés, pronosticó el 20 de enero de 2009: "De acuerdo al análisis de datos, va a haber un incremento en inseguridades de impacto, por muchas razones". En conferencia de prensa, puntualizó: "Tiene décadas operando aquí el cártel del Pacífico, pero el cártel del Golfo pretende entrar. Hay zonas que nosotros registramos con alguna actividad de estos grupos". Ante el hecho de que algunos narcotraficantes mexicanos se van a Guatemala, mientras otros guatemaltecos cruzan la frontera hacia acá, dijo, las policías de ambas naciones están obligadas a entrelazar y coordinar sus operaciones, así como a intercambiar información. "Ya hay", aseguró, "operaciones espejo, operaciones concertadas de ambas policías para combatir este fenómeno a lo largo de la frontera."

El estado de alerta en Chiapas, admitió, ya pasó "de un foco verde a un amarillo", por lo que en la entidad se procede "como cuando oímos en la casa un ruido por la noche. Empezamos a revisar los corredores, la cocina, el patio, hasta revisar toda la casa, pues. Así estamos ahora. Tenemos que revisarlo todo, y como esta casa es grande, nos llevará tiempo". Tras insistir en que la delincuencia organizada tiene la intención de entrar a Chiapas procedente de Tabasco, Veracruz y Oaxaca, advirtió que se buscará garantizar la seguridad en las "ciudades sensibles" donde las células del narcotráfico han sentado sus "estacas", como en Palenque, San Cristóbal de Las Casas, Tapachula, Comitán, Ocosingo y Benemérito de las Américas. "Todo el personal está ahorita alerta; tanto, que hasta se nos quejan los muchachos. Estamos blindando la entidad. Hay muchos indicativos de que algo está pasando y lo estamos atendiendo en tiempo y forma", concluyó.

LA BATALLA POR CIUDAD JUÁREZ

PATRICIA DÁVILA

Comandado por Vicente Carrillo Fuentes, *El Viceroy*, el cártel de Juárez ha visto menguado su poder sobre la plaza ante los embates del cártel de Sinaloa, encabezado por Joaquín *El Chapo* Guzmán, quien ha invadido la zona apoyado por un grupo de inteligencia paramilitar de alrededor de 500 hombres y por bandas locales a su servicio.

Los enfrentamientos se remontan al menos a 2004, cuando incluso perdieron la vida familiares de ambos capos en ejecuciones ordenadas por ellos mismos, que tensaron aún más sus relaciones. Pero el rompimiento definitivo llegó en abril de 2008, cuando el cártel de

Juárez se alió con los hermanos Beltrán Leyva, antiguos socios del cártel de Sinaloa. El escenario descrito puso fin al acuerdo tácito entre *El Viceroy* y *El Chapo*, que le permitía a éste el paso de droga por la plaza, y significó la guerra entre cárteles que vive Chihuahua desde hace un año, de acuerdo con un informe sobre el Operativo Conjunto Chihuahua (OCCH, en el que participan ya 8 mil 800 militares), elaborado por el general Felipe de Jesús Espitia Hernández, comandante de la V Zona Militar, que dibuja las rutas del trasiego. Dicho informe —corroborado con funcionarios estatales de alto nivel— fue presentado al menos en dos reuniones a las que asistieron el asesor en materia de seguridad del gobierno federal, Jorge Tello Peón, y el entonces procurador General de la República, Eduardo Medina Mora. Una de ellas se efectuó en Chihuahua, el 26 de noviembre de 2008, con la asistencia de los alcaldes de Chihuahua, Juárez, Delicias, Parral y Cuauhtémoc. La otra se realizó en Ciudad Juárez en enero de 2009.

En lo que respecta a la antigua alianza entre los cárteles de Sinaloa y de Juárez, es preciso aclarar que ese acuerdo ya se había debilitado a raíz de la ejecución de Rodolfo Carrillo Fuentes, *El Niño de Oro*, perpetrada el 11 de septiembre de 2004 por instrucciones de *El Chapo*. Junto con Rodolfo también fue asesinada su esposa, Giovanna. *El Viceroy* cobró la factura: el 30 de diciembre de ese año pagó por la eliminación de Arturo Guzmán Loera, *El Pollo*, hermano de *El Chapo*. Pese a ello, ambos capos asumieron sus pérdidas y se mantuvo el trato, pero tanto el rompimiento de *El Chapo* con los Beltrán como la posterior alianza de éstos con Carrillo Fuentes lo hizo insostenible. Ése fue el inicio de una guerra que ha costado miles de vidas, incluyendo la de Édgar Guzmán, hijo de *El Chapo*, asesinado el 9 de mayo de 2008, y la de José Cruz Carrillo Fuentes, en noviembre de 2008, que la madre de los Carrillo Fuentes atribuye al Ejército (*Proceso* 1682). Hasta antes de romper con los hermanos Beltrán Leyva, las operaciones del cártel de Sinaloa en Chihuahua se concentraban en los municipios del sur del estado, aquellos que conforman el triángulo dorado del narcotráfico en México y que colindan con Durango y Sinaloa, en donde controla la siembra de mariguana y amapola.

El predominio de la región estaba en manos de *El Viceroy*, sobre todo en municipios clave como Villa Ahumada, Casas Grandes, Chihuahua y Ciudad Juárez, a través de su principal operador, *El JL*, líder de *La Línea*, a quien las autoridades identifican como *El Dos Letras*, Luis Ledesma, o Juan Pablo Ledesma, o Eduardo Ledesma. *El JL* llegó a Ciudad Juárez en 2004. Primero logró el control de la policía municipal y luego integró *La Línea*, una organización delictiva mediante la cual implantó el "cobro de piso", así como los "impuestos" que se pagan por el traslado de cargamentos de droga a lo largo del estado de Chihuahua. Para ello se apoyó en agentes y ex agentes de la policía, identificados como *El Chester*, *El Blablazo*, *El FV* y *El Gato Negro*.

La estructura de *El JL* logró cooptar a altos mandos de las corporaciones de Seguridad Pública y de la Procuraduría de Justicia del Estado. Una lista de los salarios en dólares, publicada por el periódico *El Universal*, señala que funcionarios de alto nivel percibían 20 mil mensuales, los comandantes 5 mil y los agentes 2 mil. Incluso, el ex director operativo de la Secretaría de Seguridad Pública municipal de Juárez, Saulo Reyes Gamboa, quien trabajó para tres alcaldes panistas, fue detenido en enero de 2008 luego de introducir 447 kilos de mariguana a El Paso, Texas, y de tratar de sobornar con 20 mil dólares a un agente federal. *El JL* coordina el tráfico de mariguana y cocaína por el territorio chihuahuense hacia Estados Unidos, de acuerdo con el informe sobre el OCCH. La droga es trasladada por 300 brechas de terracería para evitar los retenes policiacos de los municipios de Cuauhtémoc, Ahumada, Urique, Casas Grandes, Guadalupe y Chihuahua.

La invasión

LA ALIANZA ENTRE VICENTE CARRILLO y los hermanos Beltrán Leyva motivó al cártel de Sinaloa a penetrar las células del cártel de Juárez. *El Chapo* mueve droga desde municipios duranguenses como El Salto, San Dimas, Topia, Canelas y Tamazula, y también desde Badiraguato, Sinaloa, hasta Hidalgo del Parral, Chihuahua. Desde ahí la embarca a la capital del estado a través del corredor de Guadalupe y Calvo, Balleza y San Francisco del Oro. En abril de 2008, *El Chapo* reforzó su presencia en la plaza con un grupo "duro" de jóvenes sicarios provenientes del municipio de Tamazula, Durango. El establecimiento de la base del cártel de Sinaloa en Parral se reflejó con una serie de ajustes. Dos semanas después de que el cártel de Sinaloa se posesionó de esta ciudad, el martes 13 de mayo, el Ejército dio el primer golpe en contra del cártel de Juárez: tras una balacera, detuvo a Pedro Sánchez Arras, *El Tigre*, originario de Villa Ahumada, considerado el número tres del cártel Juárez y mano derecha de *El JL*. Hasta antes de la detención de Sánchez Arras, *El JL* se refugiaba en Villa Ahumada; tras la captura de su lugarteniente se replegó en Chihuahua y en municipios del norte del estado, como Casas Grandes, de donde se mueve hacia Namiquipa o Buenaventura. Este corredor es estratégico para el paso de la droga hacia Ascensión y Ciudad Juárez, en su ruta hacia Estados Unidos. Con la plaza abandonada, la gente de Guzmán Loera incursionó en Villa Ahumada. Ahí, el 18 de mayo de ese mismo año, se apoderaron de la población durante cuatro horas y asesinaron a policías y a civiles. Desde entonces, "el cártel de Sinaloa llegó para quedarse. Aquí todo era tranquilo, sólo existía un cártel", el de Juárez, se quejó el alcalde Fidel Chávez en febrero de 2009 (*Proceso* 1686).

El Chapo desarticuló el comando de policías y ex policías al mando de *La Línea* en Villa Ahumada, y hasta la gente que trabajaba para

El JL también se les alineó. La respuesta del operador del cártel de Juárez tardó casi un año, pero finalmente mandó "limpiar" la zona. El 9 de febrero, un comando armado de 14 hombres levantó a tres habitantes de Villa Ahumada, después de ejecutar a seis más. En la madrugada del martes, los sicarios fueron interceptados por militares y murieron en el enfrentamiento. La procuradora de Justicia en el Estado, Patricia González Rodríguez, responsabilizó al cártel de Sinaloa; sin embargo, el informe del general Espitia señala que se trató de una limpia ordenada por *El JL*. A la masacre le siguió un "ajuste de cuentas" en el penal municipal de Juárez, el 11 de febrero, aunque en ese motín no hubo heridos ni muertos. Según Comunicación Social del Ayuntamiento, el ataque fue anunciado desde temprano en el canal "quitapuercos", difundido por YouTube: "Hay *[sic]* vamos al cherry por todos los rayados... saludos", que en el lenguaje de las pandillas locales se traduce como: "Vamos al Cereso a enfrentarnos con los de *La Línea*".

"Tolerancia"

EN CIUDAD JUÁREZ, el control de Vicente Carrillo empezó a menguar. Por un lado, desde mayo de 2008 comenzó el arribo de integrantes del cártel de Sinaloa que se dedican sólo a labores de inteligencia en la zona. Según el informe, al parecer está conformado por 500 hombres con características de entrenamiento similares a las del Grupo Aeromóvil de Fuerzas Especiales (GAFE). En el aeropuerto de esta ciudad continuamente aterrizan naves particulares, los pasajeros son hombres de apariencia militar. El último de estos vuelos reportado fue en noviembre de 2008. Las autoridades que acudieron a verificar no encontraron reportes de la llegada oficial de elementos del Ejército o de la Policía Federal Preventiva (PFP). Los datos los concentra el Centro de Investigación y Seguridad Nacional (Cisen), el área de inteligencia de la Secretaría de Gobernación.

Ésa es otra diferencia que ha marcado esta guerra de cárteles: mientras que "*La Línea* echa mano sólo de pandillas locales como la *Azteca*, la gente de Sinaloa trabaja con más orden, más oficio. Trae grupos de matones profesionales, gente preparada. No se le tiene ubicada en una zona específica", señala el informe. Por otro lado, la gente de Guzmán Loera reclutó a las bandas de los *Mexicles*, *Artistas Asesinos* y *Gente Nueva* para disputar a los *Aztecas* el control del narcomenudeo de heroína, cocaína, mariguana y drogas sintéticas. Por si fuera poco, en septiembre de 2008, el alcalde José Reyes Ferriz había sustituido por soldados a medio millar de policías por tener nexos con el cártel de Juárez, de acuerdo con un examen de confiabilidad (*Proceso* 1663). El retiro de los agentes lo implementaron el director operativo de la Secretaría de Seguridad Pública Municipal, Sacramento Pérez Serrano, y el secretario de Seguridad, Roberto Orduña Cruz, ambos militares. La desarticulación de las corporaciones policiacas golpeó la estructura de *La Línea*. En represalia, el 17 de febrero cayeron asesinados Pérez Serrano y tres de sus escoltas. Dos días después aparecieron tres cartulinas en las que amenazaron a Orduña Cruz: "Si no renuncia de su cargo vamos a matar a un agente cada 48 horas, por corrupto y apoyar a un grupo del crimen organizado". *Proceso* recogió la versión de que la procuradora González Rodríguez telefoneó al alcalde ese mismo día: "Tengo información de que la amenaza va en serio". En cualquier caso, la advertencia fue ignorada, lo que costó la vida a dos policías. Orduña renunció luego de esas ejecuciones y después de que el alcalde Reyes Ferriz también recibió amenazas de muerte.

No había transcurrido ni una semana cuando un comando atacó a la escolta del gobernador José Reyes Baeza la noche del 22 de febrero; un guardaespaldas murió y dos fueron heridos. Horas después aparecieron dos cartulinas en las que *La Línea* amenazaba de muerte a la procuradora, pero fueron retiradas de inmediato. De poco sirvió: tres días después aparecieron más mensajes en contra de ella y del gobernador, quien hasta entonces responsabilizó públicamente a *La Línea* del ataque a sus escoltas. El fondo de todo apunta a la disputa por el mercado al menudeo de heroína, cocaína, mariguana y drogas sintéticas. Fuentes policiacas que solicitaron el anonimato coinciden en que *La Línea* pudo establecer redes sólidas en Chihuahua gracias al consentimiento del gobernador Reyes Baeza y de la procuradora González Rodríguez, lo que explicaría la renuencia de ambos funcionarios a responsabilizar a estos sicarios del atentado al convoy. "Se trata de un evento fortuito", insistía González Rodríguez. Antes, en una visita a la Facultad de Ciencias Políticas y Sociales de la UACH de Ciudad Juárez, Reyes Baeza dijo a los académicos: "Las ejecuciones no trastocan la calma de los chihuahuenses" (*Proceso* 1663).

El informe atribuye las amenazas contra la procuradora y el gobernador a que *La Línea* los acusa de "tolerar" estas intromisiones del cártel de Sinaloa en su plaza; además, ambos tuvieron que "desentenderse" ya que, ante la presencia cada vez mayor del Ejército, un supuesto "acuerdo tácito" resultó insostenible. A un año de haber iniciado el Operativo Conjunto Chihuahua, el informe señala que se desconoce el lugar desde el que opera Vicente Carrillo Fuentes. A *El JL*, en cambio, se le ubica indistintamente en Villa Ahumada, Casas Grandes, Juárez o Urique. Este último punto es paso hacia el Valle de Juárez, en donde se utiliza a indocumentados para el cruce de la droga. El 4 de marzo de 2009, *La Línea* intentó demostrar que el cártel de Juárez aún tiene el control de su plaza no sólo en el municipio fronterizo, sino en todo el estado: un grupo de *Aztecas* presos en el Cereso estatal de esta ciudad y bajo el mando de *La Línea* ejecutaron a 17 *Mexicles* recluidos en el área de alta seguridad, así como a cuatro *Artistas Asesinos*, todos al servicio del cártel de Sinaloa (*Proceso* 1691). Ésta es la única "estrategia de eliminación bien pensada" que ha tenido el cártel de Juárez, dice el informe.

DISTRITO FEDERAL

EL GRAN TIANGUIS

RAÚL MONGE

A PESAR DE QUE CUENTA con la mayor fuerza policiaca de todo el territorio nacional —unos 74 mil elementos, sin incluir las corporaciones federales y militares—, las autoridades de la Ciudad de México no han logrado evitar que el crimen organizado mexicano y colombiano se enquiste en el corazón político, económico y social del país. Desde hace poco más de dos décadas, células de los cárteles de Juárez, los Arellano Félix, los Valencia, del Golfo, de Culiacán, de Cali y, más recientemente, de *Los Zetas*, los Beltrán Leyva, *La Familia Michoacana* y del Valle del Norte mantienen una activa presencia en el Distrito Federal y la zona conurbada del Estado de México.

Si no en la misma proporción que en otros estados, estos grupos han dejado su huella a su paso por la ciudad: ejecuciones, decapitaciones, introducción de todo tipo de drogas, operaciones de lavado de dinero, ajustes de cuentas, levantones, instalación de narcolaboratorios y atentados contra altos funcionarios de las corporaciones policiacas federal y local. De hecho, la prolongada estancia en la capital de grupos dedicados al trasiego de drogas ha traído consigo algo más que violencia: ha convertido a la Ciudad de México —y los 17 municipios del Estado de México que integran su área metropolitana— en el tianguis de estupefacientes más grande del país. No es casual que el Distrito Federal concentre a 40 por ciento de la población adicta, cuyo universo es de 500 mil personas a nivel nacional, según datos de la Secretaría de Salud federal. Lo anterior se debe a que buena parte de la droga que entra a la capital del país ya no tiene como destino final el mercado estadounidense. Hace tiempo que dejó de cruzar la frontera y ahora se comercializa en al menos 10 mil puntos de la megaurbe, de los cuales 4 mil 500 son fijos, es decir, narcotienditas.

"Lamentablemente, los datos más recientes indican que el consumo de drogas en la Ciudad de México y en el resto del país va cuesta arriba, lo cual anula por completo el viejo discurso oficial de que México es un país de tránsito de la droga. No, ya no. Esa tesis gubernamental perdió vigencia", dice Manuel Mondragón y Kalb, secretario de Seguridad Pública del Gobierno del Distrito Federal (SSP-DF). En una entrevista realizada en sus oficinas de la Zona Rosa, el funcionario, que cumple su segunda etapa en la SSP-DF, sostiene que "hoy en día México es un país consumidor". Como médico de profesión, Mondragón y Kalb sabe de lo que habla. Pero además, en la década de los ochenta, cuando Sergio García Ramírez estuvo a cargo de la Procuraduría General de la República (PGR), él dirigió la entonces Coordinación Nacional de Participación Social, desde donde pudo interiorizarse con el problema de la farmacodependencia, entre muchos otros temas.

El ex promotor del fallido programa Tolerancia Cero —con el que intentó frenar la delincuencia siendo subsecretario, cuando el titular de la SSP-DF era Marcelo Ebrard— advierte que la Ciudad de México y su área metropolitana son, en la actualidad, terreno fértil para el consumo de drogas. Explica que ello obedece a dos razones principales: el Valle de México concentra a casi 20 millones de personas (8.5 millones en el Distrito Federal y 11.5 en los 17 municipios conurbados), jóvenes en su mayoría; y ese sector de la población carece de los satisfactores mínimos para establecer una sana convivencia: centros educativos, espacios de ocio adecuados y, sobre todo, oportunidades de trabajo.

País de adictos

LAS PROPIAS ESTADÍSTICAS OFICIALES no dejan lugar a dudas: hoy por hoy, el Valle de México es el gran narcomercado del país. En su reporte de 2008 sobre la situación de las drogas a nivel mundial, la Junta Internacional de Fiscalización de Estupefacientes de la Organización de las Naciones Unidas (JIFE) consigna que el uso de cocaína en México se duplicó entre 2002 y 2008, periodo en el que la edad de iniciación en el consumo de drogas pasó de 10 a ocho años de edad.

Con algunas variantes, el Centro de Integración Juvenil (CIJ), asociación civil no lucrativa incorporada al Sector Salud que desde 1969 lleva el pulso de las adicciones en México, concuerda con la ONU. Con datos de 2008, confirma que la mayor disponibilidad de drogas en el país ha ocasionado que se reduzca la edad de los consumidores de sustancias ilícitas: en 2002, se iniciaban entre los 15 y 19 años; en 2008, entre los 12 y 15. Lo peor, dice, es que con mayor frecuencia las primeras drogas que consumen son cocaína y metanfetaminas.

Otro termómetro con el cual las autoridades federales miden el tamaño del problema en México es la Encuesta Nacional contra las Adicciones 2008. De manera inexplicable, el Consejo Nacional contra las Adicciones (Conadic), responsable de la encuesta, sigue sin publicar sus resultados. La única razón que el área de prensa del organismo del sector salud ofreció para no hacerlo fue: "Por instrucciones de la Presidencia". Aún así, los pocos datos que han fluido sobre la encuesta confirman que el consumo de estupefacientes en el país se ha disparado desde 2002, particularmente en el Valle de México. De acuerdo con la información difundida en distintos foros por el titular de la Secretaría de Salud, José Ángel Córdova Villalobos, en sólo seis años creció 50 por ciento el número de personas adictas a las drogas ilegales y en 29 por ciento la cifra de quienes alguna vez las han consumido. Además, el grupo de mujeres de entre 12 y 25 años de edad dependiente de drogas de diseño aumentó seis veces en el mismo periodo.

Elaborada en coordinación con el Instituto Nacional de Psiquiatría Doctor Ramón de la Fuente y el de Salud Pública, la encuesta del Conadic revela también que, a diferencia de años anteriores, los narcóticos, en todas sus variantes, están al alcance de los jóvenes. La alta exposición a las drogas tiene que ver, dice, con tres factores: que éstas circulan con mayor facilidad por todo el territorio nacional, que la oferta se ha incrementado y que el precio es más barato. El problema más grave está en las escuelas, con 82 por ciento de los casos reportados. Incluso, 17 por ciento de los jóvenes que decidieron consumirla por primera vez la obtuvieron regalada. Más: hasta 43 por ciento de los jóvenes de entre 12 y 25 años puede acceder fácilmente a las drogas. De éstos, la mitad llega a consumir la sustancia de manera experimental, 13 por ciento pasa al uso frecuente y 2 por ciento de los hombres y 1.2 por ciento de las mujeres cae en niveles de dependencia.

En el caso particular de las mujeres, el uso de sustancias ilícitas aumentó en ese mismo periodo de 0.9 a 2 por ciento. Eso significa que existen unas 800 mil mujeres que alguna vez en la vida han consumido enervantes, detalla el informe, y cuando lo hacen es al mismo nivel que los hombres, cuyo consumo se incrementó de 7.99 a 9.2 por ciento. Los resultados preliminares de la encuesta arrojaron más datos: que de 2002 a 2008 el número de personas que alguna vez han probado alguna droga creció de 3.5 a 4.5 millones; esto es, 29 por ciento más. En el mismo periodo, la cantidad de adictos aumentó de 307 mil a casi 500 mil, 40 por ciento de los cuales se concentra en el Distrito Federal. En cuanto al tipo de sustancia, las de mayor consumo entre los usuarios registraron alzas importantes: el de cocaína casi se duplicó, al pasar de 1.3 a 2.5 por ciento, y la mariguana subió de 3.8 a 4.4 por ciento.

Los huecos legales

MONDRAGÓN Y KALB SE DESPOJA del traje de servidor público y se coloca el de ciudadano, el de padre de familia preocupado por la proliferación de drogas, y analiza la parte social del problema. En su opinión, una serie de aspectos de índole familiar, social, económico y educativo propiciaron que, en sólo dos décadas, México dejara de ser trampolín para convertirse en país consumidor de drogas. "Entre los muchos factores que han influido, el más importante es el rompimiento del tejido social. La familia, que tradicionalmente había sido un bastión extraordinario de la sociedad —porque orientaba, protegía y cuidaba—, desafortunadamente ha perdido ese estatus y se ha fracturado, desmembrado. Lo vemos con el crecimiento de madres solteras, de padres desobligados, alcohólicos o adictos. Otro factor importante tiene que ver con la educación. ¿Qué han hecho los maestros para prevenir el consumo de drogas en las escuelas? ¿Dónde están los programas de prevención y orientación?" Mondragón y Kalb no soslaya el factor económico. Afirma que la falta de oportunidades de empleo, de recreación y de esparcimiento también se ha descuidado.

—¿Y las autoridades han cumplido con su responsabilidad, al menos en el diseño de políticas públicas encaminadas a desalentar el consumo de drogas? —se le pregunta.

—No, no hemos cumplido con nuestro deber. Hemos sido incapaces de diseñar políticas precisas, puntuales, con metas y submetas a corto, mediano y largo plazos —responde de botepronto—. Ni siquiera hemos sido capaces de unir esfuerzos, de trabajar de manera coordinada.

Afirma que a estas alturas, ya con el problema de la adicción encima, los gobiernos federal y local siguen sin superar diferencias y todavía discuten si el combate al narcomenudeo debe ser competencia de la Federación o de los gobiernos locales, o si la persona que es detenida con mariguana, cocaína o cualquiera otra droga en cantidades mayores a las que la legislación califica para consumo personal debe ser considerada como un adicto o debe ser sujeto de la acción penal. "La ley dice que cuando una persona es detenida con droga —no hablo de duras o blandas, todas las drogas son duras, incluida la mariguana— en cantidades que no exceden el uso permitido, debe ser tratada como enferma, como adicta. En consecuencia, esa persona no puede ser sujeto de la acción penal y, más aún, el Estado tiene la obligación de darle tratamiento médico.

"Eso es letra muerta. En ningún caso se le da tratamiento médico, lo cual hace que ese cuate siga consumiendo y, al rato, se vuelva distribuidor. Y si es menor de edad, mejor para los grandes distribuidores, porque entonces tiene la garantía de no ser imputable." El titular de la SSP-DF agrega que cualquier persona que compra droga, incluidos los menores de edad, forman parte de una cadena delictiva que, tarde que temprano, desencadena una serie de conductas ilícitas, como robo, homicidio, riñas, etcétera. "Eso está plenamente demostrado", dice. Y ofrece un dato revelador: por lo menos 80 por ciento de los casi 39 mil reclusos en las cárceles de la Ciudad de México, con un promedio de edad de 25 años, consumen algún tipo de droga. "Son personas que roban, asaltan, para abastecerse", dice.

La Procuraduría General de Justicia del Distrito Federal (PGJDF) reconoce que el problema del narcomenudeo en el Valle de México es "alarmante" desde cualquier punto de vista. En entrevista, el titular de esa dependencia, Miguel Ángel Mancera Espinosa, establece que se trata del último eslabón de la delincuencia organizada. En un análisis sobre las ganancias que deja la venta de drogas en el Distrito Federal, estima que una narcotiendita puede ganar no menos de 2.5 millones de pesos al año.

"Ésta puede ser una de las razones que impulsa a quienes se dedican a esa actividad a seguir en el 'negocio', por el cual son capaces de matar o morir", dice el funcionario, quien admite que el narcomenudeo cada día se vuelve más fuerte y complejo. Y es que, por un lado, los distribuidores utilizan a menores y adultos mayores para la comercialización de la droga, apunta. Por el otro, el establecimiento de narcotienditas se ha multiplicado en todas las colonias de la capital, entre las cuales la PGJDF identifica como focos rojos: Centro, Doctores, Morelos, Santa María La Ribera, Obrera y Janitzio. El caso de San Miguel Teotongo, en la delegación Iztapalapa, que colinda con los municipios mexiquenses de Los Reyes La Paz y Ciudad Nezahualcóyotl, es cosa aparte, dice Mancera Espinosa: en esa colonia se tienen detectados 101 puntos de venta de drogas.

Mancera Espinosa justifica que el Gobierno del Distrito Federal no tiene una respuesta efectiva contra el narcomenudeo, en buena medida por la legislación. "Si detectamos algo, no tenemos competencia para solicitar una orden de cateo. Debemos turnar el caso a la PGR y esta dependencia difícilmente puede atender 8 mil casos. Por otro lado, las leyes son blandas con el narcomenudista: la policía lo detiene y al rato sale libre. Ese tipo de situación desestimula a los agentes policiacos." Según el procurador capitalino, la combinación de obstáculos legales ha propiciado que el Valle de México se convierta en el tianguis más grande de drogas en el país. No por nada, en noviembre pasado, el propio jefe de gobierno, Marcelo Ebrard Casaubon, admitió su fracaso en ese renglón, luego de conocer que el consumo de drogas en el Distrito Federal había aumentado 50 por ciento. "La batalla contra las adicciones no la estamos ganando", confesó.

DURANGO

IMPUNIDAD GARANTIZADA

JORGE CARRASCO ARAIZAGA

La ofensiva de *Los Zetas* para arrancarle el control de Durango a Joaquín *El Chapo* Guzmán coincidió con la llegada del general de brigada Moisés Melo García a la Comandancia de la X Zona Militar, con sede en la capital del estado. El general tenía apenas unas semanas de haber ocupado el Cuartel General cuando, en enero de 2008, ocurrió el rompimiento entre *El Chapo* y los hermanos Beltrán Leyva. Esta última organización se alió a *Los Zetas*, brazo armado del cártel del Golfo que Melo García conoce muy bien porque ha pasado muchos años en los dominios de ese grupo. A partir de entonces, la violencia se ha extendido por todo el territorio pues, de acuerdo con las cifras oficiales, las ejecuciones relacionadas con el narcotráfico se incrementaron en 600 por ciento durante 2008, considerado hasta ahora el año más violento en la historia del estado. Vecino de Sinaloa, Coahuila, Chihuahua y Zacatecas, entidades con intensa actividad del narcotráfico, Durango sumó en ese año 300 ejecuciones, 90 levantones y 30 secuestros; en febrero de 2009, hubo un ejecutado cada 20 horas en promedio.

Mientras tanto, el general Melo García, quien se ha distinguido por su constante presencia en los medios de información, mantiene igualmente graves y permanentes diferencias con la Dirección Estatal de Investigación (DEI), la Procuraduría General de Justicia del estado, la SSP y la delegación de la PGR, además de que la Comisión Estatal de Derechos Humanos registró en 2008 un aumento de 900 por ciento en las violaciones de derechos humanos respecto a 2007, pues en ese periodo las quejas correspondientes pasaron de cinco a 50. Así como se mantuvo alrededor de seis años en plenos dominios del cártel del Golfo —VIII Zona Militar en Tamaulipas de 1986 a 1989, y XXIX Zona Militar en Veracruz de 2005 a 2007—, Melo García cumplió dos servicios en Guerrero (1990 y 2004-2005), estado que actualmente se disputan *El Chapo* Guzmán y los Beltrán Leyva.

Originario del Distrito Federal, el general Melo arribó a Durango en diciembre de 2007 y se puso al frente de la Operación Bloqueo, ordenada por la III Región Militar, con sede en Mazatlán y a la cual se halla adscrita la X Zona. Desde entonces, no deja de aparecer en la prensa, inclusive en operativos donde no participa el Ejército, como ocurrió el 14 de enero de 2009, cuando la policía federal presentó en el hotel México a un grupo de sicarios detenidos. La asistencia del general no habría pasado de una mención más en los medios de comunicación de no ser porque el 18 de diciembre de 2008, en ese mismo lugar, el general Melo le disputó a la SSP cuatro detenidos que, al parecer, eran integrantes de *Los Zetas*. El militar insistía en que se los entregaran para llevárselos al cuartel y después mandarlos a la Procuraduría de Justicia del Estado. "No, general; se van a México, a la SIEDO", respondió el oficial de la SSP responsable de los detenidos. La discusión creció y tensó tanto el ambiente que militares y federales sacaron sus armas. El general no se dio cuenta de que había francotiradores federales en la parte alta del hotel, cuenta a este reportero un testigo de los hechos. Al final, los detenidos fueron enviados a la capital del país. Otra desavenencia del general con la SSP ocurrió cuando el entonces subsecretario de Estrategia e Inteligencia Policial, Facundo Rosas, estuvo en Durango para aumentar la presencia federal e inclusive llegó con cerca de 200 efectivos. Melo García se opuso y sólo permitió que se quedaran algunos agentes. Menos notoria es aún la presencia de la PGR en la entidad, donde la delegación estuvo acéfala el segundo semestre de 2008 hasta que, en enero de 2009, la ocupó Zacarías Francisco Cabrera Oliver, quien, de entrada, anunció que buscará incrementar el número de elementos de la Agencia Federal de Investigación (AFI) en Durango, al que definió como "un estado tranquilo", pese a que inclusive un hermano del subdelegado Eduardo Díaz Castañeda, Jorge, fue levantado por *Los Zetas* y sigue sin aparecer.

Las diferencias del general Melo García con la DEI se acrecentaron a partir de que el subdirector de ésta, Antonio García Artea, fue acribillado y de que varios agentes han sido detenidos. La noche del viernes 27 de marzo de 2009, en un extraño y no aclarado caso ocurrido en Durango, el capitán del Ejército Fausto Gómez Ramírez murió en una confrontación con agentes de la DEI, escoltas del subprocurador del estado, Noel Díaz. Identificado como el agresor, el capitán —que al parecer iba vestido de civil— pertenecía al 85 Batallón de Infantería de la X Zona Militar. La respuesta de la Comandancia fue un intenso patrullaje por aire y tierra. En su protagonismo mediático, Melo García, quien proyecta la imagen de un militar en acción, viste un chaleco negro blindado y se transporta en su camioneta RAM con una ametralladora montada. Cuenta, además, con vehículos último modelo que el gobierno le cedió. La prensa local ha dado cuenta de cómo en varias ocasiones el mando militar ha borrado evidencias de los enfrentamientos tras meterse sin autorización de los peritos en las escenas de los crímenes.

A pesar de los crecientes decomisos y detenciones en la entidad, el general Melo García es señalado como responsable de operativos que han costado la vida o dejado secuelas graves a algunas personas. En el municipio de Vicente Guerrero, en los límites con Zacatecas, se refiere el caso de una mujer que murió a causa de las esquirlas de una granada que lanzaron contra su casa. La víctima, que había estado casada con un narcotraficante local, pudo haber sido detenida mediante labor de inteligencia sin necesidad de que el Ejército propiciara el enfrentamiento, sostiene un testigo entrevistado en el lugar. Otro hecho parecido se produjo el 18 de diciembre en el fraccionamiento Jardines de Durango, de esta ciudad. A las 5:30 de la mañana, el Ejército "reventó" una casa equivocada. En la calle Lirio, efectivos armados destrozaron una puerta para ingresar al domicilio de Adolfo Sifuentes, quien, sin saber de qué se trataba, tomó una carabina 30-30 para defender a sus dos hijos menores de tres años y a su esposa. No alcanzó a disparar. Los soldados lo hicieron antes y casi le desprendieron el brazo derecho que, más tarde, fue amputado en el Hospital General. Cuando la prensa local publicó el hecho, el general Melo García citó a los periodistas para saber quién les había dado la información. Se han presentado, además, varias acusaciones de robos durante los operativos. En el municipio de Las Nieves, al norte del estado, militares con pasamontañas negros allanaron varias casas luego de que encontraran 17 granadas, y en una de esas acciones entraron al domicilio de un comerciante que tenía una caja fuerte con moneda nacional y dólares. Ante el Ministerio Público, el comerciante reclamó su caja, que sólo apareció 12 horas después, abierta e incompleta, en la delegación de la PGR, cuentan uniformados.

Narcopolítica

NO HAY SEMANA SIN EJECUCIONES, enfrentamientos, detenciones o confiscaciones de armas en el estado de Durango, donde *Los Zetas* y los Beltrán Leyva controlan municipios que hasta hace poco eran dominios de *El Chapo* Guzmán, al punto de que éste pudo casarse el 2 de julio de 2007 con Emma Coronel Aispuro en La Angostura, municipio de Canelas —gobernado por el PAN—, en el corazón de *El Triángulo Dorado* de la droga, formado por Durango, Sinaloa y Chihuahua (*Proceso* 1609). Sin embargo, tiempo después la plaza le fue disputada por *Los Zetas* en alianza con los hermanos Beltrán Leyva, aunque también actúan en la entidad, con menos fuerza, los cárteles de los Carrillo Fuentes, de Ciudad Juárez, con células de *La Línea*, y de los Arellano Félix, de Tijuana.

El gobernador Ismael Hernández Deras, del PRI, ve pasar la delincuencia organizada en La Laguna, a un lado de Coahuila; en Las Quebradas, colindante con Sinaloa; en el área fronteriza con Chihuahua; en municipios vecinos a Zacatecas y en los corredores del centro y del sur, así como en la capital, uno de los principales objetivos en disputa. El año 2009 se caracterizó por los ataques a los edificios de alcaldías y de corporaciones policiacas hasta con bazucas y granadas —práctica iniciada en 2008—, debido a lo cual numerosos policías municipales han renunciado o, francamente, no se han vuelto a presentar en sus centros de trabajo. Muchos pobladores, empresarios, profesionistas e inclusive estudiantes han caído en medio de balaceras, y se han denunciado secuestros y levantones en bares, restaurantes, ranchos y despachos de abogados. En el municipio serrano de Pueblo Nuevo, cerca de Sinaloa, la gente ha comenzado a abandonar sus comunidades ante la violencia desbordada. En Guadalupe Victoria, hacia Zacatecas, familias enteras, sobre todo de comerciantes, han huido ante el temor de los *fellotes*, como identifican a los narcos y secuestradores. El martes 24 de febrero de 2009, en Pueblo Nuevo, circuló un rumor sobre la llegada de un comando de *Los Zetas*. Oficinas del gobierno, establecimientos comerciales y escuelas suspendieron sus actividades. Las calles y los poblados del estado, que sirvieron de locaciones cinematográficas a John Wayne, Anthony Queen, Emilio *El Indio* Fernández o Kevin Costner, son ahora campo de la batalla que libran *El Chapo* y *Los Zetas*, que se disputan los 39 municipios. El 20 de mayo de 2008 hubo un enfrentamiento atribuido a ambos grupos. En la carretera de Nombre de Dios a Vicente Guerrero, comandos armados chocaron durante casi una hora: 16 cadáveres, cientos de casquillos y esquirlas de granadas quedaron regados en la "carretera de la muerte", como ahora la conocen habitantes de ambos lugares entrevistados por este reportero.

Territorio que sirvió de cuartel a Pancho Villa durante la Revolución, Durango proporciona también especial alojamiento a algunos artistas, como Salma Hayek y Penélope Cruz, quienes, con motivo de la filmación de la película *Bandidos,* en junio de 2008 se hospedaron en un rancho del capo del narcotráfico Sergio Villarreal Barragán, *El Grande*. Sin embargo, no son cosas de película las coronas de muerto que dejan los narcos a las puertas de la DEI —tan sólo en 2008 fueron asesinados 23 de sus miembros—, las narcomantas, las decapitaciones —también en ese año 30 personas fueron decapitadas—, ni el hecho de que algunas cabezas han sido depositadas en hielo seco, mientras que varias personas han sido desolladas y a un cuerpo le colocaron una cabeza de cerdo y lo marcaron con una "Z" en el pecho. En el poblado Dolores Hidalgo, el martes 17 de marzo de 2009 un comando interceptó e incendió una carroza fúnebre que transportaba el cuerpo de un hombre ejecutado la tarde anterior, mientras que los habitantes de los poblados de San Ángel y Cuauhtémoc, al estilo medieval, abrieron zanjas alrededor de sus comunidades y sólo dejaron un paso libre de 10 metros a la entrada de los pueblos para evitar el ingreso de grupos armados. De nada sirvió: días después seis personas fueron levantadas.

La Laguna es un área a la que presta especial atención el gobierno federal. No es para menos. El 14 de febrero, también de 2009, un comando armado se robó 121 kilos de explosivos y 230 detonadores electrónicos de una mina del ejido Dinamita, en Gómez Palacio. Especialistas consultados aseguran que esos explosivos se pueden utilizar con clavos y tornillos para convertirlos en armas cinco veces más potentes que las granadas de fragmentación, o dedicarlos para armar hasta 20 coches bomba. Horas después, otro comando hurtó 23 cartuchos de dinamita de la empresa Cribisa. Un reporte de la Sedena elaborado en la Ciudad de México y del cual tuvo conocimiento este reportero señala "el contubernio que existe entre mandos de la Policía Municipal de Gómez Palacio con integrantes de la delincuencia organizada". Además, los acusa de ser responsables del secuestro y desaparición de personas. Otro informe militar asienta que en Ciudad Lerdo, antes de la llegada de *Los Zetas*, "el narco pesado" era Arturo Bardales Díaz. "Al parecer, este sujeto tomó el lugar de Sergio Villarreal, alias *El Grande*, en la plantilla del *Chapo* Guzmán para La Laguna de Durango", dice. El reporte identifica a "Carlos Aguilera Andrade, presidente municipal de Ciudad Lerdo, [como] amigo del narco Arturo Bardales Díaz", además de calificar al alcalde priista como "incondicional" de Carlos Herrera Araluce, empresario y ex alcalde de Gómez Palacio que ha sido vinculado al narco.

Propietario del corporativo lechero Chilchota y ex precandidato del PRI al gobierno del estado, en mayo de 2007 Herrera Araluce sobrevivió a un atentado en el que una docena de sicarios le disparó más de cien balas. Su hija, Leticia Herrera Ale, es diputada federal por el mismo partido. La cercanía de la delincuencia con la política ha alcanzado los más altos niveles. Un hermano de *El Grande*, Adolfo Villarreal, estuvo casado con Elsa María, hermana del senador del PAN por Coahuila José Guillermo Llamas. El padrino de bautizo de la hija del legislador, el 23 de septiembre de 2006 en Torreón, fue Felipe Calderón, quien acababa de ser declarado presidente electo y como tal llegó con la protección del Estado Mayor Presidencial. *El Grande* ha gozado de protección de autoridades panistas, como ocurrió entre 2004 y 2007, durante el periodo de la alcaldesa de Ciudad Lerdo, Rosario Castro Lozano, hermana del subprocurador de Derechos Humanos de la PGR, Juan de Dios Castro, quien fue consejero jurídico de la Presidencia con Vicente Fox. Como se refiere en *Proceso* 1614, esa protección ha alcanzado niveles inéditos: un día en que el jefe de la base militar La Joya, general Eduardo Miranda, intentó aprehender a *El Grande* en una residencia que habitaba en esa ciudad, la entonces alcaldesa Rosario Castro Lozano impidió su detención, exigiendo una orden de cateo y el permiso para entrar al municipio. El general Miranda desistió y *El Grande* pudo seguir actuando en total impunidad.

LA EXPANSIÓN DE "LA FAMILIA"

GLORIA LETICIA DÍAZ

La región sur del Estado de México, colindante con Guerrero, se convirtió en escenario de una especie de batalla campal: *Los Zetas* y *La Familia de Michoacán* estaban en disputa del territorio cuando *Los Pelones*, sicarios del cártel de los Beltrán Leyva, decidieron incursionar en la zona… Inmersos en la zozobra, los lugareños evitan hablar sobre las penurias que enfrentan de manera cotidiana. El asesinato, en septiembre de 2008, del capo local Rodolfo Giles Gutiérrez provocó una reacción violenta de los narcos del Estado de México hacia los de Guerrero. El 6 de ese mes, alrededor de 40 hombres armados atacaron varios domicilios en el municipio guerrerense de Arcelia. El tiroteo se prolongó durante 12 horas y se terminó cuando intervino el Ejército. Habitantes de Arcelia y de San Pedro Limón, lugar de donde partió el convoy de narcos mexiquenses, aseguran que en ese choque murieron por lo menos 15 gatilleros, sólo que sus cuerpos fueron recogidos por sus compañeros para evitar que las autoridades los identificaran.

Después de aquella trifulca, los integrantes de *La Familia* comenzaron a apoderarse de los municipios sureños del Estado de México como Tejupilco, Amatepec, Tlatlaya y Luvianos. "Llegaron a poner orden", comenta un habitante de Tlatlaya, "y se ganaron la simpatía de la gente porque no sólo eliminaron a los narcomenudistas, sino que a los maridos que maltrataban a sus mujeres les dieron tremendas golpizas. Y a los chamacos descarriados que andaban tirando bala o haciendo escándalos en las noches los agarraron a tablazos. Hasta los acreedores de los gobiernos municipales recurrieron a ellos para recuperar su dinero." *La Familia*, que recluta a los pobladores de los municipios en los que opera y los incorpora a su red de informantes y distribuidores de droga, suele secuestrar a empresarios y comerciantes para obtener recursos y también les exige cuotas mensuales que van de 40 mil a 200 mil pesos. Los miembros de *La Familia* controlan los caminos de la entidad. Saben quién entra y quién sale, detienen a los "sospechosos" y los interrogan, a veces llegan a torturarlos y los amenazan de muerte. Han sembrado el terror entre la gente y es común verlos patrullar las carreteras y brechas a bordo de sus camionetas blindadas. En el crucero de Puerto Frío que conduce a los municipios de Tlatlaya, Amatepec y Luvianos, se puede observar a un centinela del grupo apostado en una covacha. Antes, comentan los vecinos, el lugar estaba ocupado por militares, ahora son los narcotraficantes quienes ponen los retenes. Hay versiones de que incluso a varios policías locales les ha tocado revisión.

Complicidades

En septiembre de 2008, el reportero Ricardo Ravelo informó que en el Estado de México *La Familia* controla los municipios de Toluca, Metepec, Lerma, Tejupilco, Tlatlaya, Valle de Bravo e Ixtapan de la Sal. Al jefe de la zona se le conoce como *El Chango* Méndez (*Proceso* 1664). El presidente de la Comisión de Procuración y Administración de Justicia del Congreso local, el panista Carlos Pérez Cuevas, refiere: "Esa región colindante con Guerrero tradicionalmente ha sido de paso y de producción de mariguana, pero es alarmante que en los últimos años han llegado denuncias no sólo de la población, sino de las mismas autoridades municipales que viven con temor. No todos están corrompidos o inmiscuidos con el narcotráfico, sino que son víctimas de amenazas y extorsiones".

Después del asesinato del presidente municipal de Ixtapan de la Sal, el priista Salvador Vergara Cruz, ocurrido el 4 de octubre de 2008, el gobierno local dejó correr la versión de que, así como él, otros 11 alcaldes de distintas filiaciones estaban amenazados de muerte por el crimen organizado: Ramón Montalvo, de Valle de Chalco; Juan Manuel Guerrero, de Amecameca; Mario Moreno Conrado, de Ixtapaluca; José Luis Gutiérrez Cureño, de Ecatepec; Víctor Manuel Bautista Morales, de Nezahualcóyotl; David Sánchez Isidoro, de Coacalco; Elena García Martínez, de Tultitlán; Vicente Onofre Vázquez, de Chalco; Adrián Fuentes, de Huixquilucan; Miguel Ángel Becerril López, de Cuautitlán; y Francisco Arce Ugarte, de Luvianos.

El diputado Pérez Cuevas asegura que desde 2007 solicitó la intervención del Ejército en esa zona. Hoy, dice, el ambiente de violencia se ve agravado por la impunidad: "La población de la región vive asustada; nos cuenta que hay gente armada en las calles. Cuando transmito esta queja a las autoridades estatales me responden que esa región es de Tierra Caliente y muchas personas acostumbran andar armadas. No investigan, sino que justifican la violencia". El legislador recuerda algunos casos que estremecieron a la región y menciona el asesinato de Enrique Hernández Bernardino, quien había sido alcalde de Tlatlaya por el PRD. Fue ejecutado junto con su escolta en agosto de 2007. Otro caso es, dice, el de los 24 ejecutados de La Marquesa, cuyos cuerpos fueron encontrados el 12 de septiembre de 2008.

Después de varios llamados de alarma de legisladores federales y locales, el 28 de abril de 2009 la Secretaría de la Defensa Nacional (Sedena) y el gobierno mexiquense firmaron un acuerdo para la instalación de una base militar en San Miguel Ixtapan. En esta localidad cercana a Tejupilco se organizan operativos mixtos, en los que participan policías federales y de la Agencia de Seguridad de Estado (ASE). En los últimos seis años, durante los gobiernos de Arturo Montiel y de Enrique Peña Nieto, asegura Pérez Cuevas, el incremento de la violencia ligada al narcotráfico llegó a extremos inconcebibles, sobre todo durante la gestión del actual mandatario mexiquense. "Hemos visto", asegura, "la incursión de la delincuencia organizada en el ámbito estatal: ejecuciones directas y amenazas; ataques a los policías de la ASE, entre los que destacan los asesinatos de cuatro escoltas de los hijos del gobernador Peña Nieto y de un guardia de Humberto Benítez Treviño (en mayo de 2007 y septiembre de 2008, respectivamente). Las autoridades nunca dieron información al respecto."

A la violencia contra los policías, apunta, hay que añadir las vacilaciones del gobierno de Peña Nieto en la ASE. Por esta dependencia han pasado cuatro comisionados: Wilfrido Robledo Madrid, Héctor Jiménez Baca, Germán García Moreno y David Garay Maldonado. "Cada uno impuso su estilo, pero han actuado en función de decisiones políticas, porque dependen de la Secretaría de Gobierno", precisa el legislador.

Ocultamiento

La administración de Peña Nieto se ha caracterizado por su falta de transparencia al restringir la información relativa al seguimiento de los casos de alto impacto. Por añadidura, en la página de internet de la Procuraduría General de Justicia de la entidad, en el apartado de incidencia delictiva no aparece el delito de homicidio en el listado de 118 ilícitos. Sin embargo, cifras del Centro Nacional de Análisis de la PGR dan cuenta del aumento exponencial de ejecuciones relacionadas con el crimen organizado. En 2007 ocurrieron 111 muertes violentas; en 2008, la cifra creció 300 por ciento, con 346, y hasta el 29 de mayo de 2009 se reportaban 149 asesinatos.

Acerca de la falta de información que prevalece en el gobierno del Estado de México, Pérez Cuevas comenta que a mediados de 2008, después de varias solicitudes, el procurador Alberto Bazbaz le entregó un informe interno de los delitos de alto impacto perpetrados de enero a julio de ese año. En el documento se consignaban 580 denuncias por homicidio doloso y 56 por secuestro. "Ellos dicen que tienen un mapa delictivo", apunta Pérez Cuevas, al resaltar que de acuerdo con el mismo informe que le fue proporcionado —y del cual esta reportera constató la información— los cinco municipios con población superior a 100 mil habitantes con mayor número de denuncias por homicidio son Ecatepec, Nezahualcóyotl, Chimalhuacán, Naucalpan y Tlalnepantla. En el periodo de enero a julio de 2008 hubo 245 denuncias por ese ilícito en esas localidades.

En los municipios con menos de 100 mil habitantes, donde se registraron más casos de homicidios fueron Luvianos, Tejupilco, Ocuilan, Acolman y Valle de Bravo. En estas localidades se reportaron 40 crímenes en el periodo que se menciona. El legislador destaca que para justificar el alto índice de criminalidad en la zona oriente del estado, colindante con el Distrito Federal, la Procuraduría del estado arguye que se debe a la "alta concentración poblacional. Pero lo cierto es que se trata de una zona muy descuidada, en todos los niveles de gobierno. De entrada, la delegación de la PGR que atiende la región en el Estado de México cuenta con menos de 10 elementos".

El periódico *Reforma* hizo un seguimiento sobre crímenes en la zona conurbada de la Ciudad de México en el que muestra cómo, hasta el 14 de mayo de 2009, se registraron 96 ejecuciones en municipios mexiquenses: 63 ocurrieron en Ecatepec, Tecámac, Nezahuacóyotl, Valle de Chalco, Texcoco, Tequixquiac, Ixtapaluca y Chalco; el resto en las delegaciones capitalinas de Iztapalapa y Gustavo A. Madero. El diario recoge la declaración del subprocurador de Averiguaciones Previas Desconcentradas del Distrito Federal, Luis Genaro Vázquez, quien explica que "la línea de ejecuciones" viene de los municipios mexiquenses colindantes con la zona metropolitana. En esa franja, según el funcionario, "está operando muy fuerte *La Familia de Michoacán*".

El 26 de mayo de 2009, la Secretaría de Seguridad Pública federal (SSP) informó de la detención de 11 presuntos integrantes de *La Familia* encabezados por Javier Ortiz Chávez, *El Arqui*, ex policía ministerial de Michoacán. El arresto se derivó de la detención, en septiembre de 2008, de 20 presuntos integrantes de una banda de secuestradores capitaneada por Martín Alamillo Quintero, ligado a Ortiz Chávez y que cometía sus fechorías en Villa Nicolás Romero y municipios circundantes como Coacalco, Tultepec, Tultitlán y Ecatepec, en el Estado de México; así como en los de Charo y Tzitzio, en Michoacán.

"Vivimos en un estado de psicosis"

SEGÚN EL DIPUTADO PANISTA Carlos Pérez Cuevas, existe un corredor que abarca cinco municipios mexiquenses —Nezahualcóyotl, Ecatepec, Chalco, Valle de Chalco y La Paz— y cuatro delegaciones del Distrito Federal —Gustavo A. Madero, Iztacalco, Iztapalapa y Venustiano Carranza— en el cual se concentra una población de 10 millones de personas. Ahí, dice, "lo que prevalece es el narcomenudeo ligado a los antros de vicio". Y cita un ejemplo: "En Nezahualcóyotl, al igual que en Ecatepec, hay 508 escuelas y se calcula que existen 10 antros por cada una". Durante años, en esta región, el llamado cártel de Neza, encabezado por Delia Patricia Buendía Gutiérrez, *Ma Baker*, controlaba ese territorio, hasta que quedó disuelto en 2002.

En su libro *Cárteles protegidos* (Ediciones Gato Azul, 2003) José Antonio Caporal recoge el testimonio de un ex integrante de la banda de Joaquín *El Chapo* Guzmán, quien asegura que en 1993 el grupo de Buendía Gutiérrez distribuía dos toneladas de cocaína al mes, lo que le representaba ganancias por 200 millones de pesos. Dice Caporal: "El cártel de Neza no sólo era poderoso por su violencia, sino que gozaba de poder económico, social y político, pues contaba con la ayuda de agentes federales, ministeriales, magistrados, jueces y abogados. Eso lo hizo intocable durante años". Continúa: "La gente de las colonias de Ciudad Nezahualcóyotl los quería y necesitaba. *Ma Baker* acostumbraba dar regalos en las escuelas y centros sociales los días del niño o de la madre. Cooperaba para arreglar calles y otros servicios públicos".

Sin embargo, la disolución de ese cártel no acabó con el narcomenudeo en la zona oriente, comenta un diputado federal que prefiere mantener el anonimato porque, asegura, está amenazado de muerte. Es por eso, agrega, que para sentar sus reales en la región, *La Familia* tuvo que eliminar a varios distribuidores de droga y pactar con otros. "*La Familia* tiene el control de la droga, de los bares, la piratería y las licencias de funcionamiento de los establecimientos. Todo ello con la complicidad de las administraciones municipales. A los dueños de los antros les dan dos opciones: vender droga o pagar una cuota, que va de los 50 mil a los 200 mil pesos. Si se niegan, queman el local o asesinan al propietario", dice el entrevistado.

Hoy, *La Familia* controla plenamente la zona. En enero pasado, por ejemplo, fueron asesinados cuatro comerciantes de autopartes en Tecámac. Sus familiares denunciaron que días antes habían sido amenazados por gente que se identificó como representantes de *La Familia*. En marzo y abril hubo otras cinco ejecuciones. Cada uno de los cuerpos tenía una cartulina con un mensaje en el que el grupo criminal se quejaba por la falta de pagos. El poder económico y la falta de oportunidades, sobre todo para los jóvenes, son un factor determinante. Según el legislador, "*La Familia* proporciona a los jóvenes motocicletas; ellos manejan y atrás las novias distribuyen droga. Por esa labor llegan a ganar hasta 5 mil pesos diarios. Asimismo, los 'burreros' ganan 500 pesos por viaje".

A su vez, el diputado Pérez Cuevas resalta que la violencia desatada en la región ya rebasó a las autoridades. Hasta ahora ninguno de los crímenes ha sido aclarado. "Los mexiquenses vivimos en un estado de psicosis porque las autoridades no hacen su trabajo; como hay impunidad, los criminales se aprovechan de ello para delinquir", destaca el legislador panista. En contraste, según la PGR, en los últimos tiempos ha dado golpes espectaculares a los narcos. La dependencia asegura que el 17 de octubre de 2008 aprehendió en el municipio de Huixquilucan a Raúl Villa Ortega, *El R*, a quien se le imputó la ejecución de 24 personas cuyos cuerpos aparecieron en un paraje de La Marquesa el 12 de septiembre de ese mismo año; y a principios de febrero agentes de la procuraduría detuvieron en Ciudad Satélite a Gerónimo Gámez García, primo de Arturo Beltrán Leyva, así como a ocho gatilleros más, entre ellos a Pablo Emilio Robles Hoyos, *El Chaparrito*, integrante de un cártel colombiano. La PGR también capturó a integrantes de *Los Pelones*, gatilleros de Arturo Beltrán, así como a 80 de sus operadores en Toluca, Ixtapan de la Sal, Valle de Bravo, Villa Nicolás Romero, Tultitlán, Coacalco y Tlanepantla. Pérez Cuevas dice que los narcotraficantes de ahora son gente que viste con ropa de diseñador, bien portada y hasta con estudios en el extranjero. "Hoy ya no sabes quién se sienta a tu lado, puede ser un comprador, un introductor o un protector de narcos."

GUERRERO

LA NARCOMISERIA

GLORIA LETICIA DÍAZ

EN LA REGIÓN de La Montaña, Guerrero, donde 80 por ciento de los pobladores son indígenas abandonados a su suerte, muchos de ellos, cuando no hallan trabajo en otras entidades ni pueden irse de mojados, cultivan amapola en pequeños terrenos para sobrevivir con sus familias. "Cuando mi marido me dejó, mis hijos grandes y yo nos fuimos a trabajar como peones con un señor, *Don Chon*, que me enseñó a sembrar la amapola, a limpiarla, a echarle poquito abono y a rayar la bombita cuando ya está ceniza", cuenta *Elena*. "A las flores hay que echarles mucha agua, cada tres días; a los tres meses y medio ya se puede rayar la bombita con una navaja de rasurar para juntar la 'lechita' en una latita de chiles."

El cuerpo pequeño de *Elena*, indígena mixteca, se mueve delicadamente entre las plantas. Con destreza y cuidado, retira la hierba inservible alrededor del "maíz bola", como dicen los indígenas a la adormidera o amapola. "Según el gobierno, esto es droga", apunta *Elena* señalando su plantío, "pero para nosotros los indígenas es dinero para comprar maíz. Sale poquito, nomás para comer." A sus 44 años, *Elena* aparenta muchos más. Baja de estatura pero con gran fortaleza física, desde hace 15 años siembra amapola, flor de cuyo bulbo violáceo se extrae la goma de opio, base de la heroína. Vive en Zapotitlán Tablas, uno de los 19 municipios que integran esta región del estado de Guerrero —12 de ellos se encuentran entre los cien de más alta marginalidad en el país—, la cual ocupa el primer lugar nacional en producción del enervante, según datos de la Secretaría de la Defensa Nacional (Sedena). Viste una camiseta amarilla estampada con un sol azteca negro —lo que quedó de la elección local realizada en octubre de 2008—, un faldón negro y huaraches muy gastados. Amable, accede a conversar y mostrar su plantío de amapola con la condición de que no se divulguen su nombre real ni su ubicación.

Elena procreó siete hijos con su marido, un indígena tlapaneco que la abandonó acusándola de hechicera. De eso hace 15 años, el mismo tiempo en que para sobrevivir y sacar adelante a su prole decidió dedicarse a la siembra de la flor que los soldados suelen quemar al recorrer las áridas y deforestadas tierras de La Montaña. En esa región, municipios como Metlatónoc —considerado desde hace muchos años como el más pobre del país— tienen niveles de desarrollo humano similares a los de Malawi, África, de acuerdo con el informe correspondiente de la ONU dado a conocer en 2004. Con 464 mil 593 habitantes —según el último censo de población del INEGI, levantado en 2000—, el 80 por ciento de ellos indígenas, La Montaña presenta niveles de analfabetismo de hasta 70 por ciento —tal es el porcentaje de Metlatónoc—, y unas 53 mil personas mayores de 15 años no tienen ingresos, mientras que alrededor de 28 mil trabajadores perciben menos de un salario mínimo. Abandonados ancestralmente por el Estado, sin servicios públicos en las comunidades más alejadas, con tierras de temporal dedicadas al cultivo de maíz y frijol de mala calidad, los indígenas tienen pocas opciones: migrar temporalmente a estados del norte del país para emplearse como jornaleros agrícolas, cruzar la frontera hacia Estados Unidos o dedicarse al cultivo de la adormidera.

La siembra de amapola para la extracción de goma de opio se asentó en la región durante la década de los ochenta, después de que en 1979 la Operación Cóndor en *El Triángulo Dorado* (Chihuahua, Durango y Sinaloa) obligó a las bandas del narcotráfico a buscar los terrenos propicios para este cultivo. La presencia militar en la región para erradicar los sembradíos aumentó luego del surgimiento del EZLN en Chiapas (1994) y del EPR en Guerrero (1996), por lo que, de acuerdo con organizaciones como el Centro de Derechos Humanos Tlachinollan, aquélla tiene más bien un sentido contrainsurgente. Para el 2009, la Sedena mantendrá sólo en Guerrero su estrategia de destrucción de siembras ilícitas; dejará de hacerlo en entidades como Chihuahua, Sinaloa, Durango, Michoacán y Jalisco, para concentrarse en el combate al narcotráfico en las ciudades (*Reforma*, 5 de febrero). En esta región operó hasta principios de 2009 la banda de *Los Primos*, ligada al cártel de los Beltrán Leyva y encabezada por Adrián Rivera García, originario de Tlapa, detenido junto con otras dos personas por efectivos militares. Se les aseguraron drogas, armas, explosivos, autos robados, dinero en efectivo, y, según información de la Secretaría de Seguridad Pública y Protección Civil del estado (SSPPC), son presuntos responsables de al menos nueve crímenes. Datos estadísticos de la SSPPC establecen que en 2008 hubo 946 homicidios dolosos en Guerrero, 60 de ellos en la región de La Montaña.

"La tragedia de La Montaña es que se encuentra atrapada en un círculo vicioso de pobreza, narcotráfico, violencia y más pobreza, mientras el Ejército transita en medio de extensos jardines de amapola", reflexiona el antropólogo Abel Barrera Hernández, director de Tlachinollan, agrupación asentada en Tlapa, con reconocimiento internacional por su defensa de pueblos indígenas. La narcopobreza, puntualiza, "es un fenómeno que se gestó con la complicidad de las autoridades municipales, estatales y federales". Advierte que los valores y costumbres han sido trastocados por la espiral del narcotráfico: "No sólo hablamos de música y alimentación, sino que se llega al grado de que a los santos más taquilleros la gente les encomienda las narcosiembras. En tanto, el cultivo de enervantes ha agudizado los problemas sociales y económicos, y ha poblado de más cruces los cerros".

Abusos de militares

LOS INDÍGENAS ASOCIAN LA GUERRA contra las drogas con los abusos militares. De 1997 a la fecha, Tlachinollan ha denunciado por lo menos 82 casos de violaciones de derechos humanos —sobre todo torturas y violaciones sexuales— por miembros del Ejército en sus acciones de erradicación de enervantes y contra la portación ilegal de armas de fuego. "Los soldados queman las flores, y nosotros perdemos dinero", dice *Elena*, "porque para sacar la 'lechita' [la goma de opio] hay que contratar peones, comprar fertilizante, comprar mangueras para traer agua de los ríos". Y asegura: "No sacamos mucho dinero, apenas para comer un poco más". Elena además siembra hortalizas, maíz y frijol. Vende también productos de belleza y se inscribió en el programa Guerrero sin Hambre, para vigilar un criadero de peces. Pero su pobreza es más grande que su esfuerzo.

Cada mes, refiere, llegan a la comunidad compradores de la goma que se mueven en camionetas cuatro por cuatro, o caminando "si hay soldados en los caminos". Algunos, confía, son de un municipio vecino, Copanatoyac, que conocen a los productores de heroína. "En época de lluvias, la gomita se vende fresca y pagan a siete pesos el gramo, pero ha llegado a estar en cinco y tres pesos; en secas, cuando está negra, la compran a 14 y hasta 18 pesos el gramo. Ellos ponen el precio que quieren", dice con resignación *Elena*. Aunque el kilo de goma de opio es normalmente pagado en la región indígena de La Montaña entre 14 mil y 18 mil pesos, datos de la PGR indican que esa misma cantidad del alcaloide sin procesar —base para elaborar heroína— se cotiza en el mercado negro en 20 mil dólares. Elena muestra otros sembradíos, vecinos al suyo, de "maíz bola". "Ése es de mi hermano, y aquél, de mi cuñado. Casi todos aquí en el pueblo sembramos amapola. Somos muy pobres."

Según la SSPPC, los municipios de La Montaña aportan 70 por ciento de la producción estatal de goma de opio —el resto se obtiene en pueblos de Filo Mayor, donde también se siembra mariguana—. Los que más cultivan amapola son Metlatónoc, Malinaltepec, Atlixtac, Zapotitlán Tablas y Acatepec. Durante un recorrido por los sinuosos caminos de terracería de La Montaña, en las cañadas y en algunos montes se observan varios plantíos de amapola, a la vista de militares que patrullan la zona. "Esperan a que floree bien la planta para quemarla", comenta irritado uno de los habitantes de esta zona, donde el temor a los soldados es permanente. "En una ocasión un hermano mío llegó corriendo a la casa para avisarnos que unos soldados estaban violando a una señora que agarraron en el sembradío. Fuimos varios a ver qué pasaba, pero nos encontramos al marido de la señora corriendo; nos paró para que no fuéramos al campo a ayudar a su esposa; nos contó que la ofreció a los soldados para que no quemaran las plantas. Diez soldados abusaron de la señora. Ella estaba triste pero conforme, porque dijo que sus hijos tendrían qué comer", relata el indígena que sirvió de guía para llegar al pueblo de *Elena*.

Dos cuartos de adobe con techos de lámina, donde entran y salen gallinas y cerdos, es el patrimonio que *Elena* ha conseguido con la goma de opio. Hace dos años, recuerda, helicópteros de la PGR fumigaron La Montaña, pero pudo vender parte de la cosecha en 2 mil pesos, con lo cual adquirió las láminas de su casa. Antes de conducir a los reporteros a su plantío, la indígena muestra una bandeja con bulbos secos al sol después de ser rayados en el sembradío. De allí extrae semillitas negras. En una barranca está el cultivo. No es ni una hectárea, y lo máximo que da, dice, es medio kilo de goma de opio. Flores rojas erguidas son alimentadas por chorros de agua que salen de un rehilete instalado para mantener frescas las plantas. A unos pasos hay un sembradío más pequeño, oculto entre frondosos árboles de plátano, que todavía no florece. *Elena* aprovecha la visita a su plantío para arrancar la hierba que roba a la amapola los nutrientes de la tierra y del abono. Después, las hojas de adormidera que no se lograron las reparte entre sus gallinas. "Con eso no se enferman los animales", apunta. Refiere que cultiva el "maíz bola" para poder atender a las cinco mujeres que le quedan de los siete hijos que tuvo. "No quiero que a ellas les pase lo que a mí. Nomás terminé la primaria y mis papás me mandaron a trabajar en casas. Yo quiero que mis hijas estudien. Una ya terminó el Colegio [de Bachilleres], otra lo está estudiando, una más está en secundaria y las otras en primaria." Para sostener los estudios de dos de sus hijas, una en Tlapa y otra en Zapotitlán, tiene que pagar rentas de 300 y 400 pesos mensuales, aparte de su alimentación, pues los centros de enseñanza están muy alejados del pueblo.

"No tenemos de otra"

AUN CON CIERTOS ESTUDIOS, la población de esta zona encuentra muchas dificultades para sobrevivir, empezando por la discriminación. Por ejemplo, Humberto, joven mixteco de 22 años, con estudios de bachillerato y casado con Joana, también bachiller, asegura que después de buscar inútilmente trabajo en Tlapa, centro comercial y administrativo de la región, tuvo que regresar a su tierra para sembrar amapola y sacar adelante a su pequeña Giovanna, a quien no quiso dejar para aventurarse como mojado. "En La Montaña no hay casi nada qué hacer para nosotros los indígenas. En Tlapa donde más pagan es en las obras: 150 pesos al día; pero hay que rentar cuarto en 500 o 600 pesos al mes y pagar las comidas; el pasaje para acá cuesta 80 pesos. Casi no alcanza para nada. Mi mujer y yo decidimos regresar al pueblo y aquí aprendí a sembrar la amapola; el dinero que saco es para comer y comprar comida, medicinas y vacunas para mi niña", comenta Humberto mientras juega con Giovanna, quien luce sana y feliz.

Debido a que esta región tiene una alta tasa de mortalidad infantil —41 decesos por cada mil nacidos, según datos oficiales—, Humberto trata de mantener a su hija fuera de peligro y espera reunir dinero para dejar La Montaña y la siembra de amapola. "Mi mujer y yo queremos seguir estudiando, ir a Chilpancingo o a Chilapa. Yo quisiera estudiar derecho. Hay muchas injusticias en esta tierra, pero necesitamos dinero, y para juntarlo no tenemos otra forma que sembrar [...]. El gobierno dice que el dinero de la amapola lo usamos para comprar armas, pero eso no es cierto. Una pistola calibre .22 cuesta 8 mil pesos y un cuerno de chivo 20 mil. No sacamos para eso, apenas para comer."

Humberto es originario de Acatepec, donde la siembra de amapola es tan común que, asegura, hasta autoridades ejidales y municipales se dedican a ella. El maíz, indica, tarda seis meses en cosecharse. Es para autoconsumo y de mala calidad. Por eso la gente tiene que buscar una alternativa para comer mientras maduran las milpas. Conocedor de La Montaña, manifiesta que las necesidades de los indígenas son tantas que en comunidades como Teocuitlapa, municipio de Quechultenango, se dedican a la amapola la mitad del año, y el resto del tiempo laboran como jornaleros agrícolas en el norte del país. De piel morena curtida por el sol, Humberto recorre ágilmente un plantío de amapola y muestra cómo se extrae la resina. Para sacar la goma de opio, precisa, tiene que darse un mantenimiento al sembradío que dura tres meses y medio e incluye la aplicación de fertilizantes, granulado y sulfato. La inversión que se requiere en el cultivo de una hectárea de amapola, que en promedio genera medio kilo de goma de opio, va de 3 a 4 mil pesos, incluyendo la etapa en que se contrata a peones a cambio de 50 pesos diarios más alimentos. Si todo sale bien, prosigue, por esa hectárea "ganamos unos 5 mil pesos, pero si los soldados destruyen el plantío, perdemos todo. Más aún si te agarran preso: son tres años en la cárcel y tres años de sufrimiento y de más hambre para la familia".

La mayoría de los indígenas que cultivan amapola suelen usar terrenos ocultos en barrancas —generalmente no suman más de una hectárea que produce una o dos veces por año—, con el fin de complementar su gasto familiar, pues al mismo tiempo cosechan frijol, maíz y hortalizas. No obstante, hay campesinos que, reconoce Humberto, sólo se dedican a la adormidera. Siembran un máximo de cuatro hectáreas unas tres veces al año y contratan de 20 a 40 peones a los que pagan cien pesos al día, para obtener unos siete kilos de goma. "Pero no pueden hacerlo tan seguido. La tierra tiene que descansar, porque luego no sirve ni para sembrar maíz". Tanto los pequeños como los grandes productores corren el riesgo de que sus sembradíos sean quemados y de perder sus inversiones. "Nunca han llegado los soldados a mi sembradío, pero si algún día me los encontrara, hablaría con ellos, les explicaría que en la ciudad hay otro tipo de contrabando, manejado por políticos y empresarios. Acá sólo tenemos tierra. Por eso sembramos amapola. Les diría que los indígenas no hacemos esto por gusto, sino por hambre; que no somos *güevones*, como dice el gobierno; que no tenemos de otra. Yo creo que me van a entender", confía Humberto.

ACAPULCO: COMO EN SU CASA

RESIDENCIAS, RESTAURANTES, discotecas… ése es el mundo que los jefes del narco del país disfrutan en Acapulco, ciudad que durante la última década ha sido un espacio casi seguro para ellos, lejos de las balaceras de otras plazas más calientes. *El Chapo* Guzmán y varios de sus familiares, los Beltrán Leyva, sus lugartenientes… todos encuentran aquí un respiro en sus azarosas vidas. Lejos quedaron los tiempos en que por las calles del puerto se veía lo mismo a las grandes estrellas tanto de Hollywood como del cine nacional, a políticos mexicanos y extranjeros, así como a *juniors* que a mediados del siglo pasado hicieron de Acapulco el sitio de destrampe, recreación y reposo por excelencia, luego de que el presidente Miguel Alemán lo convirtiera en el principal destino turístico de México.

Johnny Weissmüller —el atleta olímpico que caracterizó a *Tarzán*— y el millonario Howard Hughes eligieron este lugar para vivir y morir en un retiro dorado. Más osados fueron Errol Flynn, Richard Widmark, Cary Grant, Tyron Power, Rex Allen, Roy Rogers y Red Skelton, quienes crearon la sociedad The Hollywood Gang para adquirir el hotel Flamingos. Artistas mexicanos de todo tipo, desde Diego Rivera hasta Agustín Lara y el célebre Germán Valdés, *Tin Tan*, tenían propiedades aquí. Ya en los setenta, también hicieron del puerto un lugar de esparcimiento políticos de la talla de Henry Kissinger y los *junior* Kennedy. Era un Acapulco de película romántica, tanto así que fue escenario de incontables cintas donde el *glamour* era una constante. Venido a menos, ahora es destino para centenares de estudiantes en los *springbreaks*, una cantina al aire libre en su zona costera. Pero sobre todo, es asiento casi neutral de mafiosos.

Los principales capos de la droga tomaron el puerto, y aquí todo mundo lo comenta. Su presencia y convivencia con la gente del lugar son "leyendas urbanas" para el alcalde, Manuel Añorve Baños, quien descalifica así decenas de historias reveladas por fortuitos testigos: comensales en restaurantes, turistas y clientes regulares de antros, meseros, acomodadores de autos... pero también por el seguimiento de las autoridades federales. Aquí los jefes del narco se desplazan como en su propia casa, si acaso perturbados ocasionalmente por uno que otro operativo militar, si bien el puerto no está exento de enfrentamientos: 196 homicidios registrados durante 2008.

Incursiones de baja intensidad

"¡SÁQUENME DE AQUÍ!", ordenó un cliente que regularmente otorga propinas generosas, advertido por una llamada "oportuna": un convoy militar estaba a cinco minutos de Palladium, la discoteca de lujo que, la noche del 27 y la madrugada del 28 de diciembre de 2008, celebraba su 15 aniversario. De tez blanca, alto, de unos 38 años de edad, de finas maneras y elegante al vestir, es conocido por los trabajadores del antro como Martín, un operador "pesado" del cártel de los hermanos Beltrán Leyva. Pese a sus seis guardaespaldas armados, Martín palideció al enterarse de que iban por él, y recurrió a los empleados de la discoteca. Sabedores de la furia de los narcos si se negaban, los sacaron por una puerta de emergencia a la que no tienen acceso los clientes.

A la 1:30 de la mañana, en la puerta principal de la discoteca, ubicada en la avenida Escénica, casi enfrente de la Octava Región Naval y muy cerca de la IX Región Militar, en el exclusivo fraccionamiento Las Brisas, se encontraban ya 15 elementos del Grupo Aeromóvil de Fuerzas Especiales (GAFE) del Ejército mexicano. "Todos llevaban rifles con luz infrarroja, con lentes de visión nocturna, con trajes de camuflaje, y se movían entre los clientes sin decir nada. Atrás de ellos, uno con pasamontañas iba grabando en video el operativo", cuenta una acapulqueña que asistió a la fiesta. "Creíamos que eran parte del show, y hasta esperábamos que se quitaran la ropa", dice otra cliente, entre divertida y nerviosa, "pero después vimos por los ventanales que en el estacionamiento los soldados tenían al chofer de una camioneta tirado en el piso, boca abajo, encañonándolo, hasta que todo acabó y lo soltaron."

Lo mismo ocurrió en otra discoteca vecina, Mandara, concurrida también por capos. Después del operativo, en el que no hubo detenidos, los militares instalaron en la Escénica un retén durante varias horas. La incursión en las discotecas formó parte de una serie de acciones de los GAFE realizadas entre el 15 y el 31 de diciembre de 2008, que incluyeron colonias populares como La Laja, La Poza, La Quebradora y el Barrio de la Fábrica, pero que no tuvieron cobertura en los medios locales ni nacionales, aunque vecinos y policías aún las comentan en voz baja.

La incredulidad de las autoridades

La escena en Palladium —reconstruida a partir de versiones de trabajadores y clientes— es "una leyenda urbana", asegura el alcalde Manuel Añorve Baños, "y lo es porque no creo que los acapulqueños tengamos más información que las autoridades competentes: que si fulano vive aquí o perengano fue a una discoteca… Todo eso se escucha, pero si es fácil decirlo más sería para las autoridades convertir la leyenda en un hecho concreto, una detención". Electo en octubre de 2008, el priista Añorve Baños ocupa la presidencia municipal tras nueve años de administraciones perredistas que arrancaron con Zeferino Torreblanca, hoy gobernador, y que culminaron con el gobierno del polémico Félix Salgado Macedonio. En 1997, Añorve Baños fue alcalde sustituto de Juan Salgado Tenorio, tras el desastre ocasionado por el huracán Paulina.

El narcotráfico en el puerto "es un Paulina, pero de otra clase", ironiza, y reconoce que "es un problema más grave de lo que esperaba, pero no puedo culpar a nadie, ni a los perredistas ni a los panistas por llevar ocho años en el gobierno federal". Con todo, asegura que "lo que a mí me corresponde es la prevención del delito, y para eso trabajo en profesionalizar a la policía. No me toca la persecución de narcos; que cada quién haga su chamba". E insiste: "De los operativos militares, yo me entero por lo que dice la gente, pero no tengo un dato oficial, son puras leyendas urbanas".

Más allá de las palabras del alcalde, desde hace años que Acapulco ha sido refugio de narcotraficantes como el colombiano Pablo Escobar Gaviria, a quien le fue asegurado un yate, o como Amado Carrillo Fuentes, cuya residencia en Pichilingue fue incautada y ahora es Casa Acapulco, la residencia en el puerto del gobernador en turno. Corren versiones de que los capos han habitado en fraccionamientos de lujo como Joyas de Brisamar —a espaldas de la IX Región Militar—, Brisas Guitarrón, Quinta Real, La Cima y Punta Diamante, todos fortalezas impenetrables por la seguridad que los distingue, con salidas al mar, cercanos al aeropuerto y con accesos rápidos a la Autopista del Sol, una ruta directa a la Ciudad de México.

Los dichos

ACAPULCO ESTÁ LLENO de esas "leyendas urbanas", como las minimiza el alcalde, contadas por empleados y clientes de negocios frecuentados por el cártel de los Beltrán Leyva, asentados aquí por lo menos desde 2000. La Procuraduría General de la República (PGR) tiene referencias de ello en varias causas penales iniciadas contra los narcotraficantes, como la 82/2001, la 125/2001 y la 88/2005, entre otras. En declaraciones ministeriales del testigo protegido *Julio*, cuyo nombre real es Marcelo Peña García, cuñado de Joaquín *El Chapo* Guzmán, se asienta que "a mitad del año 2000" vio a Arturo Beltrán Leyva en un McDonald's de Acapulco para pedirle dinero. En otra ocasión, *Julio* visitó al capo en su propia casa en el fraccionamiento Las Brisas. Y no es el único caso. El 31 de julio de 2005, después de una persecución policiaca, se descubrió que una residencia del fraccionamiento La Cima fue rentada en 2 mil 500 dólares mensuales por Édgar Valdez Villarreal, *La Barbie*. Personal de la empresa de seguridad Tafoya, que daba servicio a La Cima, impidió el acceso al fraccionamiento durante varios minutos, por lo que no hubo detenidos.

Entre los ocupantes de la residencia LC22, propiedad de Leopoldo Klashky, estaba *El Chapo* Guzmán, se dijo. Después de fugarse del penal de Puente Grande, en enero de 2001, Guzmán Loera fue visto con frecuencia en La Condesa. En una ocasión, *El Chapo* llegó a Paradise, restaurante propiedad de la familia Rodríguez Escalona. Los guardias del capo cerraron el local y recogieron los teléfonos celulares de los clientes, a quienes advirtieron que se quedarían "resguardados" mientras "el señor" cenaba. Antes de salir del lugar, *El Chapo* se despidió de los comensales. Como gesto de agradecimiento "por su comprensión", les anunció que sus cuentas estaban pagadas.

Otros negocios concurridos por los capos son la discoteca Mangos y el Bungee Jump, también de la familia Rodríguez Escalona, cuya cabeza política es Ernesto, secretario de Turismo con René Juárez y Zeferino Torreblanca. En Mangos era cliente frecuente *Kalin*, Humberto Cortez Álvarez o Carlos Esteban Landeros Sánchez, concuño de *El Chapo* Guzmán, quien murió en la colonia La Garita, el 27 de enero de 2006, en un enfrentamiento con policías municipales que, supuestamente, eran colaboradores de *Los Zetas*. Cuentan que hubo empleados que "le lloraron a *El Kalin*", porque dejaba buenas propinas y pagaba cuentas de al menos 30 mil pesos. "De los gángsters era el más sociable, amable; no se metía con los demás clientes", recuerda un empleado del local.

La guerra por el puerto, desatada con los hechos de la Garita, aumentó la tensión para trabajadores de restaurantes y antros de La Condesa; incluso hubo protestas de los acomodadores de autos porque, con frecuencia, en los vehículos en que llegaban los capos había armas y granadas. Lo peor fue la impotencia para contener a algunos de los capos violentos. En 2006, Mangos fue escenario de una tremenda golpiza propinada a un cliente de la sociedad acapulqueña, sin que los empleados pudieran hacer otra cosa que avisar a su padre, según varios testigos. En ese año, trabajadores del Bungee Jump fueron intimidados con armas de fuego por seis acompañantes de Édgar Valdez Villarreal, mientras él "hablaba por teléfono en la torre más alta del Bungee y en la costera los esperaban unas 20 Suburbans".

La Secretaría de Seguridad Pública y Protección Civil del estado (SSPPC) registró en el puerto 124 de los 351 "actos violentos" relacionados con el crimen organizado en 2006. Entre las muertes contabilizadas ese año está la del dueño de la discoteca Rodeo Mexicano, Oswaldo Moreno Garduño, baleado el 11 de julio. Ese hecho incrementó las manifestaciones de preocupación de los dueños de discotecas, pues no era el primer caso: en enero de 2005, el administrador de Alebrije, Alexis Iglesias, fue acribillado. Además, los incidentes violentos en los antros no han cesado. En el último trimestre de 2008, en la discoteca Classico del Mar, propiedad de Raymundo Reséndiz Díaz, yerno del gobernador Zeferino Torreblanca, dos meseros y un DJ fueron golpeados por narcos, según versión de trabajadores. Luego, el 15 de diciembre esa misma discoteca se incendió; la pérdida fue total. Aunque los administradores atribuyeron el fuego a un corto circuito, la versión más extendida es que fue provocado por narcos molestos con el servicio. Menos de dos semanas después, el día 26, el antro volvió a operar como si nada hubiera pasado.

Otras discotecas en las que se ha visto el despliegue de los narcos son Baby'O, Privado e Ibiza. Pero el negocio más frecuentado por el cártel de los Beltrán Leyva es Palladium, propiedad de los hermanos Tony y Carlos Rullán, este último secretario de Turismo en los tiempos del gobernador Rubén Figueroa Alcocer, y que administran los hijos del primero, Brandon y Bryan, en sociedad con Óscar Bustos. El lugar es visitado por artistas, como Luis Miguel, y gente como Jorge Emilio González Martínez —quien en una ocasión, siendo senador, pagó una cuenta de 120 mil pesos—, pero en 2007, durante la administración de Félix Salgado Macedonio, testigos aseguran que vieron llegar a Arturo Beltrán Leyva, custodiado por policías preventivos. Horas después, policías de tránsito municipal habrían parado el tráfico para que el capo y sus acompañantes se retiraran sin contratiempos.

El más asiduo a Palladium es *La Barbie*, quien se mueve con libertad en el puerto, tanto que reserva su mesa preferida —cerca de los ventanales— con su propio nombre: Édgar Valdez, a pesar de estar incluido en la lista de los más buscados por la PGR, involucrado en el asesinato de cuatro presuntos *Zetas* en Acapulco en 2005. El multihomicidio se cometió en una casa del fraccionamiento Costa Azul que fue propiedad del ex gobernador René Juárez Cisneros, de acuerdo con las investigaciones de la PGR. Suele llegar a la una de la mañana, con unas 10 personas. Siempre elegante y amable, aseguran testigos, *La Barbie* bebe Buchanan's 18 años, la bebida favorita del cártel. Junto con sus acompañantes consume entre cinco y seis botellas en una sentada. Cuentan que *La Barbie* nunca baila y casi no intercambia palabra, ni siquiera con las bellas mujeres con las que llega, algunas de ellas, dicen testigos, estrellas de Televisa. Sólo platica con hombres que se ostentan como comandantes de la AFI o de la PFP. Paga en efectivo y sin chistar cuentas de 30 mil a 70 mil pesos, y reparte propinas de al menos mil pesos a los empleados que se acercan a saludarlo. Incluso, cuentan que donó 20 mil pesos a una empleada accidentada. Custodiado por hombres armados que se ostentan como agentes de la AFI, *La Barbie* no siempre es tan amable como lo describen. El 15 de septiembre de 2004, al salir de esta discoteca, los colombianos Gustavo Adolfo Escobar y Diego Rivillas fueron interceptados por un comando armado. Sus cuerpos aparecieron un día después, con señas de tortura, en la periferia de Acapulco.

A "enfriar" la plaza

PARA PROTEGER SU FEUDO, por indicaciones de Arturo Beltrán, se dice, sus sicarios han procedido a "limpiar" la plaza no sólo de enemigos del cártel, sino de delincuentes comunes y "lacritas". Las muertes comenzaron a partir de finales de 2007 y se extendieron a lo largo de 2008, cuando la SSPPC reportó en el puerto 196 homicidios de un total estatal de 946; se localizaron 15 cuerpos calcinados e informes extraoficiales hablan de 150 desapariciones forzadas o levantones. Hasta mediados de 2009, hay un reporte de seis cuerpos calcinados. Algunos de esos casos, aseguran informes de inteligencia estatal, corresponden a asaltantes comunes y robacoches, así como narcomenudistas y hasta niños en situación de calle y prostitutas adolescentes. Incluso, las inmediaciones de las tienditas —como llaman aquí a los puntos de venta de narcomenudeo— son vigiladas por hombres armados que se aseguran de ahuyentar a "lacritas", es decir, a los adictos que mendigan dosis o dinero para comprarlas, así como a los asaltantes de los clientes.

A últimas fechas, cuentan, Arturo Beltrán dispuso moverse de manera más discreta para enfriar la plaza. Suele manejar y viajar él solo en un Áltima, aunque va custodiado por otros cuatro automóviles, también compactos, algunos disfrazados de taxis, en los que viajan hombres armados. Nada que ver con la ostentación que mostraban por lo menos hasta 2005, cuando se desplazaban en camionetas tipo Suburban, Liberty, Ford Expedition, como se asienta en la causa penal 88/2005. Como parte de esa estrategia de discreción, el área de incidencia es Punta Diamante y sobre todo el centro comercial de lujo La Isla, del que es socio el cantante Luis Miguel. También se ha visto a *La Barbie* de compras en Costco, en Punta Diamante; perdiendo 40 mil pesos en el Play City, en Bulevar de las Naciones, cenando en el Carlos and Charlie's de La Isla. A diferencia de la elegancia que lo distinguía, ahora viste como "cholo", siempre con una gorra de beisbolista en la cabeza, pero sin esconderse, saludando a quien lo reconoce. Todo sea por conservar Acapulco como refugio casi seguro.

GUADALAJARA

LA MERA CUNA

ALBERTO OSORIO MÉNDEZ

CUNA DEL NARCOTRÁFICO organizado en México, asiento de antiguos capos poderosos, escenario de grandes corruptelas, esta ciudad es un territorio en disputa por los seis más violentos cárteles de la droga. Pero más allá de la guerra por el control de la plaza, el consumo y la venta de droga en Guadalajara reportan un crecimiento alarmante, como nunca antes en las últimas cuatro décadas. Un solo dato lo ilustra: el Sistema Nacional de Vigilancia Epidemiológica de la Secretaría de Salud reporta que entre 2005 y 2007 el porcentaje de menores de 10 años que admitieron haber probado la droga pasó de 1.1 a 39.4 por ciento.

Según Marcos Pablos Moloeznik, un investigador de la Universidad de Guadalajara y experto en seguridad pública; el abogado penalista Felipe de Jesús Garibay Valle, quien asesoró a algunos de los primeros narcotraficantes que tuvieron problemas con la justicia en Jalisco; el médico forense Alfredo Rodríguez García, y el periodista Rodolfo Chávez Calderón, con más de 30 años de experiencia en la fuente policiaca, se advierte un recrudecimiento de la violencia en el occidente del país. Entrevistados por separado, los especialistas dan cuenta de los hechos: cinco decapitados, cuatro en Ixtlahuacán del Río y otro en Zapopan; el asesinato de 18 policías; el descubrimiento de grandes narcolaboratorios, y la incautación de arsenales de grueso calibre y granadas de fragmentación. Todo ello, coinciden, ayuda a dimensionar el tamaño del pleito que se registra por esta plaza, donde el 3 de abril de 2009 acribillaron al jefe de Homicidios Intencionales de la Procuraduría de Justicia, Carlos Alberto Rayas Rodríguez.

Marcos Pablos Moloeznik destaca la proliferación de narcomenudistas, y asegura que los datos disponibles sugieren la existencia de más de tres tienditas por cada 10 mil habitantes en la zona metropolitana, que incluye a cuatro municipios donde habitan unos cuatro millones de personas. "Hay más de 700 tienditas tan sólo en Guadalajara y otras 500 en Zapopan", dice Moloeznik, y no se sabe cuántas más en Tlaquepaque y Tonalá, donde las autoridades municipales no registran ningún tipo de cifra. Rodolfo Chávez Calderón y Felipe de Jesús Garibay Valle relacionan el incremento en el consumo de enervantes con la expansión del mercado, lo mismo en colonias populares que en barrios adinerados. "Esto tiene su origen en el sellado de la frontera norte; cientos de toneladas de droga que antes tenían como destino Estados Unidos ahora se quedan en México", dice el abogado Garibay.

Lo peor es que el gobierno del estado vive una gran crisis en el diseño de políticas públicas para enfrentar este flagelo, relacionado con la seguridad y justicia penal, lamenta Moloeznik. Recalca que la entidad dejó de ser una plaza neutral para los barones del narcotráfico y pasó a ser un territorio en disputa. "Jalisco es una región donde hay presencia de seis de los siete cárteles más peligrosos que existen en México, según informes de la Procuraduría General de la República (PGR), y por primera vez el Almanaque de México (que dirige Sergio Aguayo Quesada) incluye un capítulo destinado a la presencia del narco."

Los cárteles

LOS GRUPOS CON PRESENCIA en Jalisco son el cártel de Tijuana, de los hermanos Arellano Félix; el de Colima, de los hermanos Amezcua Contreras; el de Juárez, de Amado Carrillo Fuentes; el de Sinaloa, de Joaquín *El Chapo* Guzmán y Héctor Luis *El Güero* Palma Salazar; el grupo de Osiel Cárdenas, denominado cártel del Golfo, y el cártel del *Milenio*, de los hermanos Valencia.

A pesar de que en Jalisco la violencia no se ha desatado como en otras entidades, el Instituto Ciudadano sobre Seguridad, que encabeza Luis de la Barreda, ex procurador de Justicia del Distrito Federal, indica que Jalisco ocupa el lugar número 18 en inseguridad, dentro de las 32 entidades federativas. La situación en el estado "no está desbordada, aunque llama la atención que en los últimos meses se ha registrado un brote de violencia inusitada y de homicidios intencionales que se caracterizan por el uso de armas de alto poder que son el sello distintivo del crimen organizado", señala Moloeznik. Garibay Valle recuerda que hace muchos años que Guadalajara y Zapopan dejaron de ser sólo la residencia de narcos y sus familias "y tierra de oportunidad para negocios ligados al lavado de dinero". Según el abogado, hubo un tiempo en que por toda la zona conurbada proliferaron negocios de gran envergadura como Plaza del Sol, Plaza México, hoteles, distribuidoras de carros y muchos otros. "Jalisco fue considerado por cerca de 30 años como una plaza donde la coexistencia de familias e integrantes de diversas bandas del narcotráfico se daba sin mayores complicaciones; varios de los fraccionamientos de la zona metropolitana de Guadalajara fueron invadidos por personas que llegaron procedentes del norte de la República."

Los antecedentes

EL MÉDICO FORENSE Alfredo Rodríguez García asegura que Manuel Salcido, *El Cochiloco*, acribillado de 177 impactos de bala en 1986, en Guadalajara, fue uno de los primeros hombres involucrados en el narcotráfico y que creció al amparo de quien algunos consideran el primer gran capo: Alberto Sicilia Falcón, un narcotraficante cubano-estadounidense que sentó sus reales en Guadalajara desde finales de los sesenta y trabajó la plaza a inicios de los setenta. El chofer de *El Cochiloco* recibió un número parecido de balas, en tanto que la hija del narcotraficante salió con 15 rozones y logró sobrevivir, a pesar de que le tuvieron que amputar un brazo. Ésta fue la primera vez en que se utilizó una granada de mano en Jalisco para cometer una ejecución, aunque no logró ser detonada.

Según coinciden Alfredo Rodríguez y Rodolfo Chávez Calderón, la historia de *El Cochiloco* está ligada al surgimiento del llamado cártel de Guadalajara. Paradójicamente, ninguno de sus integrantes era oriundo de Jalisco. Entre ellos mencionan a Miguel Ángel Félix Gallardo, el hondureño Juan Ramón Matta Ballesteros, Ernesto Fonseca Carrillo, Manuel Salcido Uzeta (*El Cochiloco*), Javier Barba Hernández, Juan José Quintero Payán, Pablo Acosta Villarreal, Juan José Esparragoza (*El Azul*), Amado Carrillo Fuentes, Rafael Caro Quintero, Juan García Ábrego, Héctor *El Güero* Palma, Joaquín *El Chapo* Guzmán Loera y los hermanos Arellano Félix.

Sicilia contó con el respaldo de Jaime Herrera Nevares y Pedro Avilés Pérez, este último considerado por el gobierno de los Estados Unidos como uno de los narcotraficantes más astutos de México y personaje clave para entender el origen de los cárteles mexicanos, según algunas versiones periodísticas ligadas a la zona occidente del país. La revista *Nexos*, en su edición electrónica de enero de 2007, señala a Alberto Sicilia Falcón como el primer narcotraficante que se instala en Guadalajara, mientras otras versiones lo ven como el capo que logró establecer en poco tiempo un emporio en el manejo de mariguana, cocaína y heroína en la región centro-occidente de México.

Políticos y narcos

El reportero Rodolfo Chávez Calderón habla de las relaciones que lograron entablar políticos y hombres del hampa. En las décadas de los setenta y ochenta, por ejemplo, Enrique Álvarez del Castillo (ex gobernador de Jalisco y ex procurador General de la República) supuestamente "era compadre de Miguel Ángel Félix Gallardo y gran amigo de Manuel Salcido", *El Cochiloco*. Álvarez del Castillo, asevera Chávez Calderón, "llegó a estar en fiestas en donde *El Cochiloco* era padrino de boda de los Lizárraga. Ramón Lizárraga tenía el dominio de toda la droga en Zapopan y San Cristóbal de la Barranca". Recuerda que los Arellano Félix vivían en casas modestas, pero desde su arribo a Guadalajara comenzaron a lavar dinero, a promover constructoras y buscar la inversión en grandes negocios para después poder ingresar a la alta sociedad. En ese grupo de "fuereños", según Chávez Calderón, también llegó Rafael Caro Quintero, a finales de los setenta. "El cártel de Sinaloa dio lugar a lo que posteriormente se conoció como cártel de Guadalajara." Y recuerda otros negocios surgidos a la sombra del narcotráfico: "El restaurante La Langosta Loca era de

Caro Quintero y el Motor's Hotel que estaba frente a Plaza del Sol era de Miguel Ángel Félix Gallardo. Ese inmueble", dice, "estuvo mucho tiempo en resguardo de la PGR". Sobre avenida Guadalupe y Patria, una gran finca era propiedad de Caro Quintero, lo mismo que amplias superficies de un predio ubicado sobre avenida Acueducto, cerca del cruce con Patria y Anillo Periférico. En ese lugar se levantan ahora grandes proyectos inmobiliarios de la zona metropolitana, en donde se ofertan departamentos de 230 mil y hasta de un millón de dólares.

El barrio y el narco

MOLOEZNIK ALUDE a las condiciones que benefician la proliferación del narcomenudeo, y destaca la pobreza extrema o la falta de oportunidades para jóvenes de clase media, cuya alternativa es ser empleados sobreexplotados y mal pagados o vender drogas. El tejido social en torno a las narcotienditas "cuenta con cierta legitimidad; ahí están las bandas. Es evidente que hay un incremento en el consumo de drogas entre jóvenes de 15 a 35 años", dice.

Para el investigador universitario, el éxito del narcomenudeo tiene que ver con falta de empleo para los jóvenes, el aumento de la pobreza, la desigualdad social y la problemática en materia de salud pública, acusa. "¿Cuántas familias dependen de ello? Ésos son negocios atendidos por amas de casa, por adultos mayores, por personas de la tercera edad, por desempleados y por gente que forma parte del paisaje barrial." Y cuestiona los errores gubernamentales: "Se quiere presumir una entidad segura y blindada, pero queda en evidencia que no existe un sistema de inteligencia policial, menos un modelo policiaco en operación, el índice de impunidad en Jalisco es similar a la media nacional (cerca de 90 por ciento), la policía ni siquiera tiene capacidad para dar cumplimiento a las órdenes de aprehensión".

De paso, critica la falla en el diseño de políticas públicas en materia de justicia penal y seguridad, y denuncia las resistencias en el Supremo Tribunal de Justicia para aceptar un sistema penal acusatorio y los juicios orales: Moloeznik prevé un escenario pesimista en la lucha contra el narco. "Somos juguetes del destino y todo dependerá de los acuerdos que se establezcan entre las diferentes bandas en Jalisco. El estado y la sociedad somos los convidados de piedra en todo este drama."

VIVIR BAJO LA EXTORSIÓN

VERÓNICA ESPINOSA

El sur del estado de Guanajuato, controlado como área de paso de drogas por *El Chapo* Guzmán hasta mediados del sexenio de Vicente Fox, se encuentra sumido en una abierta disputa entre varios cárteles que, favorecidos por algunas autoridades, no sólo ejecutan y decapitan a los enemigos y traidores, sino que mantienen aterrorizada a la población. Considerada como una ruta de paso, que hasta 2003 estuvo controlada por el cártel de Sinaloa, esta área es hoy un escenario en guerra abierta donde, con creciente frecuencia en los dos últimos años, aparecen en las calles cuerpos decapitados con letreros que firman *La Fa-*

milia y *Los Zetas*. A las persecuciones, venganzas y levantones se suman las extorsiones a que son sometidos comerciantes y empresarios de la región, que abarca los municipios de Cuerámaro, Celaya, Salvatierra, Apaseo el Alto, Uriangato, Villagrán, Acámbaro, Jerécuaro, Tarimoro, Yuriria, León, Salamanca, Valle de Santiago, Silao y San Francisco del Rincón.

Cuerámaro tiene la mala suerte de hallarse demasiado cerca de Michoacán y de ser vecino de Pénjamo, donde durante varios años *El Chapo* Guzmán mantuvo el control del trasiego de las drogas hasta que, roto el acuerdo de la *Federación*, *Los Zetas*, *La Familia* y el cártel de Sinaloa empezaron a darse con todo. Mientras que el alcalde Rubén Olmedo refiere que sólo cuenta con 37 policías mal armados para buscar la seguridad de 40 mil habitantes, en el mercado una vendedora de comida (doña Berta) asegura que a su casa se han metido 19 veces a robar, y señala: "Ya no tenemos tranquilidad. Ahora con los ejecutados, ¡válgame! Uno ve a las personas que empiezan a traer dinero y buenos carros de repente, pero al poco tiempo se entera de que ya las mataron, sin que una se hubiera imaginado que andaban en esas cosas del narco". Uno de los homicidios "de alto impacto", con el cual sumaron 41 en los primeros dos meses de 2009, se cometió el 28 de febrero en contra del comandante Cruz Andrade Padilla, quien, luego de haber denunciado ante el Ministerio Público que recibió amenazas de *La Familia* por negarse a colaborar, fue encontrado en un barranco de Pénjamo con señales de tortura y el tiro de gracia. Dos días después, el alcalde Rubén Olmedo encontró en el escritorio donde labora diariamente un documento con la renuncia de su director de Seguridad Pública...

Aunque en 2008 se registraron 300 homicidios "de alto impacto" en la región sur del estado, las autoridades afirman que, de ellos, sólo 71 están relacionados con los grupos del narcotráfico. En el norte, mientras tanto, en una franja que empieza en León y termina en Comonfort, pareciera que no ocurre nada, pues de acuerdo con datos oficiales es una zona controlada por *Los Zetas*, que extienden sus dominios hasta San Luis Potosí. No hay, sin embargo, consenso entre los enterados, ya que algunos ex funcionarios de la PGR y de la Procuraduría de Justicia del Estado opinan que otras bandas podrían estar involucradas en los enfrentamientos del sur, como el grupo de Heriberto Lazcano, *El Lazca*, que, de acuerdo con algunas versiones, no sólo participa en la disputa territorial, sino que se empeña en atribuir sus acciones a *Los Zetas*.

En medio de la falta de coordinación de las autoridades en la lucha contra el crimen organizado y la ausencia de retenes y blindaje, hechos confirmados por la reportera, las autoridades reconocen que la entidad ha dejado de ser un sitio de paso y que las bandas de narcos se pelean la plaza abiertamente. El delegado de la PGR, Martín Levario Reyes, confirmó la presencia de "células de avanzada" por el control del narcomenudeo en la entidad, como resultado de las divisiones y pugnas entre los cárteles de Sinaloa, *La Familia* y *Los Zetas*.

Pero ese reconocimiento nunca se escuchó en la voz de sus antecesores al frente de la delegación de la PGR, que de 2002 a 2009 ha visto desfilar a cuatro titulares y tres encargados del despacho y ha estado envuelta en varios escándalos, denuncias e investigaciones internas contra agentes del Ministerio Público y funcionarios. Uno de esos agentes fue Rubén Rivapalacio Tinajero —protagonista del enfrentamiento con guardaespaldas del gobernador de Sonora Eduardo Bours—, y uno de los funcionarios fue el ex delegado Martín Diego Salido Orcillo, acusado de corrupción y de tener vínculos con el crimen organizado, en una investigación que la PGR mantiene "congelada" bajo el registro PGR/GTO/LEON/1507/2008. Delegado de la PGR en Yucatán en 2009, Salido Orcillo es amigo de Mariano Herrán Salvatti, con quien colaboró en Chiapas, donde también fue delegado en dos ocasiones, pese al impedimento reglamentario que al respecto existe en la dependencia. La corrupción imperante fue inclusive admitida por el delegado Levario Reyes en los primeros días de marzo de 2009 ante los integrantes del Consejo Ciudadano de Seguridad. Empresarios que forman parte de dicho Consejo señalaron, bajo la promesa de guardar el anonimato, que ante los reclamos el delegado sencillamente se lavó las manos con las siguientes palabras: "Afis y ministerios públicos están metidos. No puedo hacer nada".

Ruptura y confrontación

ANTES DE LA RUPTURA, cuando la llamada *Federación* mantenía la alianza entre el grupo de Vicente Carrillo, *El Chapo*, los Valencia y los Beltrán Leyva, varios jefes del cártel de Juárez vivían en Guanajuato y para las autoridades no era desconocido que en algunas lujosas residencias de fraccionamientos exclusivos de León, Purísima, Pénjamo y San Francisco del Rincón se realizaban las "cumbres" de los capos, adonde solía acudir el propio *Chapo* Guzmán. Uno de estos jefes, Pablo o Renato Tostado Félix —identificado como el gatillero de Juan José Esparragoza, *El Azul*—, al ser trasladado en abril de 2004 de su domicilio de Irapuato para enfrentar un proceso penal, fue interceptado, en el convoy que lo conducía, por un comando de sicarios que, según la PGR, pretendían ejecutarlo por haber secuestrado a un familiar de *El Azul* en Irapuato. En un blog que a mediados de 2009 se mantenía vigente y que presuntamente firma Tostado Félix, éste señala que Manuel Beltrán Arredondo —a quien denomina "el verdadero capo del cártel de Sinaloa"— fue quien dio la orden de ejecutarlo, y que para ello contó con la complicidad de agentes del Ministerio Público, policías ministeriales y jueces. "Me torturaron porque querían que me hiciera responsable del secuestro de Emma Quintero Félix [esposa de Manuel Beltrán]", asegura. Aunque el propio Manuel Beltrán fue ejecutado a finales de 2007, las venganzas entre ambos personajes incluyeron el asesinato de un hijo de aquél,

Adolfo Beltrán Quintero, y los crímenes en contra de uno de los abogados defensores de Pablo Tostado, así como del padre, dos hermanos y dos sobrinos de éste.

En febrero de 2007, en Cuerámaro, fueron igualmente asesinados Juvenal León Martínez y su hermano Ramón, quienes según Tostado participaron en el complot con Beltrán, y ocho meses después, a principios de octubre, Rodolfo León Martínez corrió igual suerte. Por eso se afirma que la detención de Tostado Félix marcó la entrada a Guanajuato de *La Familia*, que dio sus más claras señales de presencia entre 2006 y 2007, pese a que algunos informes en poder del gobierno estatal indican que los integrantes del relativamente nuevo grupo comenzaron a realizar operaciones en la entidad desde 2004, a mediados de la gestión presidencial de Vicente Fox.

Como sea, a partir de marzo de 2008 los grupos empezaron a atacar frontalmente a las corporaciones policiacas del estado, a desplegar narcomantas y a dejar cadáveres y cabezas con mensajes, todos ellos dirigidos a *La Familia* y presuntamente firmados por *Los Zetas*. Así, el 21 de marzo de 2008, un grupo armado atacó las oficinas de la Policía Ministerial en Jerécuaro y acribilló a dos agentes de la corporación y a una secretaria. Luego, en la persecución hacia Acámbaro, otro preventivo y un agente de tránsito fueron abatidos. El 11 de diciembre, el diario estatal *Correo* publicó que por lo menos 16 agentes de la Policía Ministerial y preventivos municipales murieron en 2008 a manos de la delincuencia organizada en Acámbaro, Irapuato, Silao, Manuel Doblado, Uriangato y Jerécuaro. Aún más, en los últimos meses de 2008, quienes firman como *Los Zetas* comenzaron a levantar y a ejecutar a directores de Seguridad Pública de varios municipios, así como a policías preventivos. Esto ocurrió al subdirector de Tránsito y Vialidad de Salvatierra, Gabriel Ríos; al director de Policía de Jerécuaro, José Luis Trujillo Mendoza; al comandante Alejandro Parada Pérez, de la Policía leonesa; al encargado del despacho de la Policía de Villagrán, Alberto Bolaños, y, posteriormente, a su primer comandante, Margarito Butanda. A unos los mataron por negarse a permitir el narcomenudeo o por rechazar la extorsión, y a otros porque, dijeron, los traicionaron al "servir" a *La Familia*.

El 6 de octubre de 2008, 10 narcomantas firmadas por el cártel del Golfo amanecieron colgadas en puentes peatonales y diversos puntos de León, Celaya, Apaseo el Alto y Apaseo el Grande. El propósito central de los mensajes era ofrecer una recompensa de hasta 5 millones de dólares por entregar a los autores del atentado que se perpetró en Morelia el 15 de septiembre, que en las mantas se atribuía a supuestos integrantes de *La Familia*. Unos días después, en el quiosco de la plaza principal de Salvatierra apareció la primera de al menos seis cabezas que, presuntamente, *Los Zetas* han dejado en municipios del sur. A partir de entonces, sobre las hieleras donde aparecen las cabezas, así como en los cuerpos de algunos de los ejecutados, se ha hecho frecuente encontrar mensajes como éstos:

> *Dejen de matar y extorcionar [sic] a gente inocente como restauranteros y negocios de gente bien. PD. Sálganle al toro michoacanos de mierda.*

> *El cártel del Golfo condena a los envenenadores de cristal y hielo o 'ice' provenientes del grupo delictivo La Familia, andamos limpiando la basura. Grupo Z.*

> *Esto les pasará a todos los que apoyen a los traidores de La Familia. Atte. Los Z.*

Al mismo tiempo, al parecer, *Los Zetas* dirigieron su cacería a piezas clave: los principales distribuidores de drogas en los municipios del corredor industrial, reconocidos y, en varias ocasiones, detenidos para ser en seguida liberados "por falta de elementos". Aunque públicamente han sido señalados como miembros de *La Familia*, la mayoría trabajaba en realidad para *El Chapo*. Así ocurrió con Román Medel Medina, *El Chicago*, principal distribuidor en la zona de San Francisco del Rincón, en abril de 2007. El 26 de junio le tocó a Jorge García Castro, *El Chuletas*, narcotraficante en Celaya al que se atribuía el control del mercado de la zona. Unos días después, a la madre de *El Chuletas*, Luz María Castro —quien trabajaba como secretaria en un juzgado penal de Celaya—, le dispararon 14 balazos.

En la misma fecha en que aparecieron las 10 narcomantas, un grupo autodenominado *Los Zetas* se atribuyó la ejecución de otro distribuidor regional de drogas, Juan Martín Gálvez Olivares, *El Pecas*, quien operaba en León. Fue cazado cuando estaba llegando a su casa. "¡Ahora sí te vas a morir!", le gritaron dos hombres antes de dispararle. *El Pecas* tenía poco tiempo de haber salido del Cereso, luego de que en noviembre de 2003 fue acusado de tráfico de drogas y de que, en 2007, recibió la absolución por falta de pruebas. Según versiones extraoficiales, durante su reclusión mantuvo el control del narcotráfico de sus aliados. Igual destino tuvo Christian Iván Ramírez Pérez, *El Chespi*, del cual también tenían ya antecedentes las autoridades estatales y la PGR, cuando lo levantaron el 20 de enero de 2009 en Silao, donde era distribuidor. Tres días después, las cabezas del *Chespi* y su acompañante fueron entregadas en dos hieleras, en oficinas de la Procuraduría de Justicia de Celaya. Ambas llevaban cartulinas con mensajes firmados por *La Letra*.

Quedó no obstante a salvo uno de los más importantes operadores de *El Chapo* Guzmán en territorio guanajuatense, Gabriel Campos, hermano de un célebre delincuente leonés conocido como *El Garruñas*. Pero además de sus enfrentamientos, integrantes de *La Familia* y presuntos *Zetas* adquieren negocios de diversa índole, principalmente antros y lotes de automóviles en los municipios mencionados, sin dejar de presionar con extorsiones. El martes 3 de marzo, luego de una reunión con empresarios de la industria textil de Uriangato y Moroleón en la que éstos hicieron fuertes reclamos por la ola de extorsiones y secuestros que sufren desde hace unos meses, el encargado del despacho de la Procuraduría de Justicia del Estado, Carlos Zamarripa Aguirre, daba a conocer que, sólo en los dos primeros meses de 2009, la dependencia había recibido 78 denuncias por extorsión, aunque, desde luego, son muchos más los empresarios, tianguistas y comerciantes que, obligados a esos tratos, prefieren callar...

LA GUERRA POR EL CONTROL

ARTURO RODRÍGUEZ GARCÍA

Corazón del norte, con carreteras que conducen a todos los cruces fronterizos con Texas, a la costa del Golfo y a la del Pacífico, así como al Bajío y al centro del país, La Laguna se ha convertido en el campo de batalla de los cárteles de Sinaloa, del Golfo y de Juárez, así como de células de *Los Zetas* y los hermanos Beltrán Leyva. Los casi millón y medio de habitantes de los 16 municipios de la comarca, pertenecientes a los estados de Coahuila y Durango, pasaron de espectadores casuales a víctimas de los tiroteos entre narcos, además de padecer secuestros y levantones, que durante 2008 llegaron a más de 200. Por si fuera poco, los cuerpos de seguridad están infiltrados por los bandos en pugna.

La presencia de organizaciones criminales en la zona viene de antaño. La adicción a la heroína en San Pedro de las Colonias, Coahuila, constituye un problema de salud desde la década de los ochenta. Gavilleros como la familia Villalobos, en el municipio coahuilense de Matamoros, se extinguieron apenas en los años noventa, cuando grupos de secuestradores mantuvieron postrada a la comunidad empresarial. Además, los penales se convirtieron en bases de operación del crimen organizado, por ejemplo: en Torreón un autogobierno detentó el control del Centro de Readaptación Social durante varios años, hasta el año 2000. Personajes del hampa, como Joaquín *El Chapo* Guzmán, Juan José Esparragoza, *El Azul*, y los hermanos Carrillo Fuentes, hacían vida social en esta zona con todo y sus esposas, a la vista de todos. Pero el arribo del grupo de *Los Zetas*, en 2007, desató una guerra por el control de la región. A mediados de enero de ese año ejecutaron al dirigente perredista Jaime Meraz Martínez y a su familia. El político encabezaba una organización de taxistas y se presume que estaba implicado en el narcomenudeo. Un mes después se dio por desaparecido a Francisco León, otro polémico empresario de la comarca que pretendía ser candidato a alcalde de Gómez Palacio, Durango. En relación con esos casos, fue arraigado por la PGR el entonces subprocurador de Justicia de Durango, Hugo Armando Reséndiz. La Procuraduría General de la República (PGR) ejerció acción penal contra el ex funcionario por delincuencia organizada y delitos contra la salud, pues lo acusó de ser informante de Sergio Villarreal, *El Grande*, lugarteniente del cártel de Sinaloa, y de Arturo González, *El Chaki*, jefe de sicarios de los Carrillo Fuentes, detenido en 2002. Desde entonces, se multiplicaron los levantones, ejecuciones y enfrentamientos armados.

En abril de 2007, los edificios de la Procuraduría General de Justicia del Estado de Durango y de la Policía Municipal de Gómez Palacio fueron atacados con granadas, hechos en los que un policía municipal murió y cuatro quedaron heridos. También por esos días un policía ministerial cayó abatido en un tiroteo en Torreón y, según se pudo constatar con los directores de las corporaciones, fueron levantados la mayoría de los jefes de grupo y comandantes estatales, ministeriales y municipales de las dos entidades en La Laguna. Los edificios policiacos empezaron a ser custodiados con retenes, guardias permanentes, militares y francotiradores en las azoteas. Aun así, varios mandos optaron por renunciar. En mayo del mismo año, personajes emblemáticos de seguridad y el empresariado de la región fueron víctimas de ejecuciones, levantones y atentados, como el que sufrió el empresario y ex alcalde de Gómez Palacio, Carlos Herrera Araluce, cuyos hijos han sido vinculados con narcotraficantes, según documentó Ricardo Ravelo en el libro *Los capos*. Uno de ellos, Ernesto Herrera, fue detenido —pero puesto rápidamente en libertad— a raíz del descubrimiento de una vivienda en la que operaba *El Chaki*, a quien también se le responsabiliza en el caso de las narcofosas encontradas en Ciudad Juárez, Chihuahua, en 1999.

El padre de *El Chaki* fue jefe de la policía en Gómez Palacio durante la primera administración de Carlos Herrera y ocupó el mismo cargo en Lerdo, con el alcalde Rosario Castro Lozano. Carlos Manuel Herrera, otro hijo de Herrera Araluce, apostó un millón de dólares con Juan José Esparragoza, *El Azul*, en una pelea de gallos, relata Ravelo. El junior perdió y se negó a pagar, por lo que el narcotraficante le dio una golpiza afuera del palenque. El mismo día del atentado contra Herrera Araluce se encontró el cadáver del pistolero Sabino Burciaga, integrante del clan que representa al grupo de los Beltrán Leyva en la comarca. Al cuerpo, decapitado y descuartizado, le escribieron la letra "Z" en la frente con una decena de clavos. Además, dejaron un mensaje amenazador para *El Danny*, *El Grande* y el cártel de Sinaloa. La Procuraduría General de Justicia del Estado de Coahuila recibió informes de que Sabino, sobrino de Claro Burciaga, ex jefe de seguridad de Carlos Herrera, era escolta de *El Grande*, pero no fueron confirmados.

Dos días después, el 14 de mayo de 2007, desapareció Enrique Ruiz Arévalo, jefe del Grupo Antisecuestros de la Policía Ministerial en Torreón. Elogiado por los empresarios que padecieron una ola de secuestros durante los noventa, Ruiz Arévalo era descrito como el policía que impuso la paz a punta de pistola. Sus operativos de rescate y persecución fueron tan violentos que aún hay expedientes abiertos sobre ellos en instancias de protección a los derechos humanos. Ruiz Arévalo presumía: "Respetamos los derechos humanos tanto como los respetan los secuestradores" (*Proceso* 1310). El director del Grupo Antisecuestros en La Laguna fue una pieza clave en la investigación que condujo a la detención de Arturo González, *El Chaki*. Fue el único caso de levantón reconocido oficialmente por las procuradurías de Coahuila y Durango, porque las siguientes semanas policías de Durango y de Coahuila, notarios, abogados y empresarios desaparecieron o fueron levantados por comandos que peinaban la región.

La Laguna violenta

LA CIFRA DE MUERTOS vinculados al narcotráfico llegó a 40 durante 2007, incluyendo a tres militares que fueron ejecutados mientras realizaban compras navideñas. Pero en 2008 la cifra superó las 100 ejecuciones y, según la Cámara de Comercio de Torreón, llegaron a consumarse más de 250 privaciones de libertad, entre secuestros y levantones, de los que destaca el del sucesor de Ruiz Arévalo en el Grupo Antisecuestros, Gerardo Valdez Segura. Nombrado en mayo de 2008, el policía desapareció el 14 de julio siguiente y no se supo más de él.

La infiltración del narco en los cuerpos policiacos y sus vínculos con políticos fue señalada reiteradamente, en particular por la dos veces alcaldesa de Lerdo, Durango, Rosario Castro Lozano, actual directora del Instituto Nacional para el Federalismo y Desarrollo Municipal (Inafed), de la Secretaría de Gobernación, a quien se le atribuía proteger el narcomenudeo y evitar que un convoy militar detuviera a Sergio Villarreal, *El Grande*, durante un operativo en esa ciudad, lo que ella siempre negó. Casos más recientes han revelado la complicidad de otras corporaciones con los narcos. Por ejemplo, el 8 de septiembre de 2008, en Torreón, la detención de cinco sicarios del cártel del Golfo tras un enfrentamiento con policías federales reveló que los narcos tenían a su servicio a decenas de policías municipales, a quienes pagaban entre 2 mil y 10 mil pesos a la semana. El arresto de 35 policías causó la salida del director, Alfredo Castellanos Castro. Algo semejante había ocurrido en San Pedro de las Colonias el 5 de diciembre de 2007 y el 10 de enero de 2008, cuando los federales terminaron encerrando a 15 policías municipales de esa ciudad. En febrero de 2009, el lunes 9, en el Centro de Readaptación Social de Torreón, tres secuestradores, presuntos desertores del grupo de *Los Zetas* que ejecutaron e incineraron el cuerpo del empresario Rodolfo Alanís Appelbaum, fueron molidos a golpes y quemados vivos con diesel, horas después de haber ingresado al penal, tras cumplir un arraigo. Durante el disturbio se fugaron nueve reos federales, con la presunta complicidad de los celadores.

La disputa por el control del narcomenudeo ha generado otros enfrentamientos, los cuales comenzaron a incrementarse a partir de octubre de 2008, en los que ha caído lo mismo gente de *Los Zetas* que de los Beltrán Leyva. Esos hechos marcaron el reinicio de una violenta etapa en la comarca, que en tan sólo dos semanas de febrero de 2009 registró más de 40 ejecuciones vinculadas al narco. Según los medios locales, los tiroteos registrados en Torreón y Gómez Palacio en velorios y bares, parques públicos y zonas de vicio, fueron una cacería de puchadores.

La otra delincuencia

JUNTO A LA OLA DE VIOLENCIA desatada entre los cárteles de la droga, otros grupos se han organizado para delinquir en esa zona. El 13 de septiembre de 2008, la Procuraduría de Justicia del Estado de Coahuila presentó a una banda a la que se le atribuyen al menos cinco secuestros. Uno de los detenidos, identificado sólo como "N", de 15 años de edad, era sobrino de un miembro de algún cártel. Según la investigación, "N" aprovechaba las borracheras de su tío para robarle su cuerno de chivo y con éste realizaba los secuestros.

La llamada *Banda de la Doctora,* de la que tres de sus miembros murieron en el penal el 9 de febrero de 2009, es también un grupo ajeno a los cárteles, dirigido por un ex teniente del Ejército de apellido Mayorga, que permanece prófugo y a quien se le atribuye haber sido el primer jefe de plaza de *Los Zetas* en Torreón. Una fuente de la Procuraduría General de Justicia del Estado de Durango asegura que Mayorga desertó de *Los Zetas* y empezó a trabajar en secuestros por su cuenta. Para ello, reclutó a la odontóloga María de Jesús Guerra, quien tenía en su agenda como pacientes a varias familias adineradas de Torreón, con las cuales hacía vida social y rastreaba sus pormenores, para luego compartirlos con el grupo de Mayorga.

El Operativo Conjunto Laguna

A CADA HECHO VIOLENTO, el Operativo Conjunto Laguna anuncia la presencia de más efectivos, el arribo de más militares, la redefinición de estrategias para atender el problema. Sin embargo, hasta ahora no muestra mayor eficacia. Lo que sí hay son recomendaciones de la Comisión Nacional de los Derechos Humanos (CNDH), por la brutalidad de los procedimientos usados por los agentes.

Según datos de la Comisión de los Derechos Humanos del Estado de Coahuila (CDHEC), se han turnado casi 40 denuncias a la CNDH, por detenciones arbitrarias, allanamientos sin orden judicial, lesiones y tortura. La CNDH emitió la primera recomendación en esta zona en 2008 contra la Policía Federal, la 03/2008, por tortura. Y el pasado 28 de noviembre emitió una recomendación a la Secretaría de la Defensa Nacional, porque un detenido fue torturado con "chicharra".

El miedo de la población ya no es sólo a los secuestros, levantones y balaceras, como denunciaron hasta el 2008 los dirigentes de los organismos empresariales. Ahora, el temor es por posibles acciones terroristas en la región, luego de que en el ejido Dinamita, Durango, un comando robó 121 kilos de explosivos, que los militares recuperaron sin los correspondientes detonadores eléctricos, en la colonia La Durangueña de Torreón. La recuperación ocurrió el 18 de febrero de 2009, pero ese mismo día, en Triturados Cribbisa de Lerdo, se robaron otros 23 kilos de explosivos, extendiendo el rumor de que el objetivo eran las compuertas de las dos presas y de las decenas de represas secundarias que tiene el río Nazas, cuya capacidad está al límite. Con miedo, en febrero de 2009, los mismos dirigentes empresariales exigieron un toque de queda e, inclusive, la suspensión de garantías. En tanto, la posición de alcaldes y gobernadores, mandos policiacos y militares, cuando no se limitan a culparse mutuamente de la violencia y politizar la crisis de inseguridad, se resume en la expresión del general Marco Antonio González Barreda, comandante de la XI Región Militar: "Yo sólo les pido que no se atemoricen, las autoridades estamos trabajando, nos estamos coordinando".

MICHOACÁN

LA PESADILLA DE CALDERÓN

JORGE CARRASCO ARAIZAGA Y FRANCISCO CASTELLANOS

En sus huidas, y cada uno por su lado, Joaquín Guzmán, *El Chapo*; Amado Carrillo Fuentes, *El Señor de los Cielos*, y Javier Arellano Félix, *El Tigrillo*, recalaron en Aquila, municipio de la costa michoacana, corredor estratégico para el tráfico de drogas entre el sur y el norte del continente. Amparados entre la inmensidad del océano Pacífico y los relieves de la Sierra Madre Occidental, en su parte sur, los capos se valieron de la lejanía y el aislamiento de uno de los municipios más pobres del país, en el suroeste del estado. Su llegada no fue casual.

Desde los años ochenta, particularmente 1984, esta región se consolidó como importante centro de producción de mariguana, con la participación de campesinos y hacendados en lo que aquí se recuerda como "el año del permiso".

En más de dos décadas, Aquila pasó de aprovechar su clima húmedo y caliente para la producción de mariguana y amapola a lugar clave para el narcotráfico. Es un punto neurálgico para el transporte de droga, dinero y armas. Hasta fue sede de una cumbre de capos. Sus más de 2 mil 300 kilómetros cuadrados están comprendidos en el llamado *Triángulo del Pacífico* de las drogas que forman Jalisco, Colima y Guerrero. Su posición es estratégica: al norte limita con Coahuayana, Chinicuila y Coalcomán. Los dos primeros son frontera con Colima, asiento en los noventa de lo que fue el cártel de los Amezcua, *Los Reyes de las Metanfetaminas*. Este negocio pasó a Michoacán, donde quedó en manos de los hermanos Valencia Cornelio, pero siguen participando colimenses. Al este, Aquila se une con Lázaro Cárdenas, uno de los puertos más importantes de América Latina y por donde han entrado toneladas de efedrina y pseudoefedrina procedentes sobre todo de Asia, para la elaboración de las drogas sintéticas. De ello se ocupó principalmente el empresario de origen chino Zhenli Ye Gon durante el sexenio de Vicente Fox, según la Procuraduría General de la República (PGR). Otra de sus fronteras es con el municipio de Arteaga que, como Lázaro Cárdenas, por ser paso hacia Guerrero, se ha convertido en uno de los más violentos del país. En Lázaro Cárdenas, la disputa principal es entre *La Familia Michoacana* y *Los Zetas*, dos de los grupos ilegales más importantes del estado, aunque para la PGR el primero ya es el más peligroso del país por su violencia, capacidad de fuego y poder de corrupción, y según la Secretaría de la Defensa Nacional, en junio de 2008 ambas organizaciones rompieron su alianza.

Con población mayoritariamente indígena y una densidad demográfica de 8.4 habitantes por kilómetro cuadrado, Aquila cuenta con amplias zonas despejadas y propicias para los aterrizajes. Se han descubierto pistas clandestinas en la sierra y en lugares costeros como Huahua y Pichilinguillo, éste conocido como la "alberca marina" de la costa michoacana. En 1984, "el año del permiso", los cerros de Aquila estaban llenos de mariguana. "Fue cuando arrancó la producción de droga a gran escala en el estado. Muchos se dedicaron a eso, incluso en las huertas. No había problema para sembrar, cosechar, secar y almacenar", recuerdan algunos pobladores. En la década de los ochenta al municipio se le conoció como "el norte chiquito" porque la gente ganaba dinero como si se hubiera ido a trabajar a Estados Unidos. "Muchos de los actuales ricos vienen de esa época", dicen. El negocio fue tan importante que cerca de aquí, en Coahuayana viejo, se estableció Rafael Caro Quintero, el jefe del cártel de Guadalajara, a quien junto con Miguel Ángel Félix Gallardo se le responsabilizó de la tortura y asesinato de Enrique Camarena en 1985. El agente de la DEA fue secuestrado en Jalisco, pero sus restos aparecieron en El Mareño, un rancho del municipio michoacano de Vista Hermosa, cerca de la frontera común. Las presiones de Estados Unidos por el asesinato acabaron con el "permiso": "Llegaron los soldados y, como era bien sabido dónde se producía, fueron contra la gente. Hubo desbandada, muertos y desaparecidos", sacan de su memoria algunos de los pocos lugareños que se animan a hablar.

Pero la gran producción de droga continuó y ahora la zona es de nuevo una de las mayores productoras de mariguana y amapola. Su importancia económica ha sido creciente. De acuerdo con el investigador Guillermo Vargas Uribe, ex director de la Facultad de Economía de la Universidad Michoacana de San Nicolás de Hidalgo, a principios de esta década el narcotráfico significaba ya para el estado la quinta parte de su producto interno bruto, pero en algunas zonas de la Sierra Costa y la Tierra Caliente equivalía hasta la mitad del producto regional bruto. El costo también ha sido alto. Testimonios recogidos en Coalcomán aseguran que su frontera con Jalisco se ha despoblado. "Se fueron comunidades enteras por miedo a los enfrentamientos. La población pasó de 27 mil a 22 mil habitantes", aseguran.

Dominio de capos

EL VECINO MUNICIPIO DE AQUILA tiene más costa que Colima, al que lo une la carretera de Lázaro Cárdenas. Sus playas han sido el refugio para prófugos "inalcanzables" para las autoridades civiles y militares. Al *Señor de los Cielos*, muerto en 1997, se le recuerda en Ojo de Agua, en Playa San Telmo. Al *Chapo* Guzmán, en La Privada, un exclusivo club residencial bañado por el Pacífico al que sólo entran socios y trabajadores. Entre uno y otro lugar sólo hay medio kilómetro de costa. Los dueños e invitados de La Privada, como la golfista Lorena Ochoa y el cantante Alejandro Fernández, llegan desde Jalisco o Colima. Los empleados son de Coahuayana, "el último municipio" de Michoacán, al que sólo llegan las señales de radio y televisión de Colima. Los periódicos no llegan. Al igual que en Aquila, la comunicación sólo es satelital.

Cuando se fugó del penal de Puente Grande, Jalisco, en enero de 2001, *El Chapo* se fue a la playa de La Privada. "Cuando estaba la noticia en la televisión, por acá había una presencia inusual de militares y de policías en los alrededores", dicen habitantes de la región. Construido sobre una bahía, el club privado pretende ser emulado por el ex presidente Vicente Fox y su esposa Marta Sahagún, quienes a través del prestanombres Cosme Mares pretenden hacerse de El Tamarindillo, bahía gemela que no ha sido ajena al trasiego de cocaína en la zona. Aún ahora, hay movimientos sospechosos en el privilegiado lugar, cuyas aguas, por ser las más tranquilas entre Manzanillo y Acapulco, permiten el calado de embarcaciones medianas (*Proceso* 1694). Pese a tratarse de una zona federal, el movimiento en el lugar está controlado y vigilado por particulares. Quien intente llegar a El Tamarindillo es seguido por guardias privados que se desplazan en poderosas camionetas por la brecha de un kilómetro que comunica la bahía con la carretera Colima-Lázaro Cárdenas.

Entre las varias playas de Aquila está Las Brisas del Mirador. A decir de la gente del lugar, a principios de 2009 se realizó ahí una reunión de narcotraficantes, en seguimiento del pacto que se buscó en Sinaloa, a finales de 2008, entre organizaciones delictivas del norte del país (*Proceso* 1682).

Durante tres días, en esa playa de Aquila se encontraron personas de México, Centroamérica y Sudamérica. La versión coincide con la de un agente de seguridad de Morelia, quien asegura que en los primeros días de 2009 hubo una orden para que las fuerzas federales y estatales cesaran los patrullajes en la región.

Fuera de la costa, uno de los asentamientos de Aquila es Placita de Morelos, una pequeña comunidad en donde se recuerda a Javier Arellano, *El Tigrillo*, que ahí tenía una novia. Siempre protegido, recorría los ocho kilómetros por tierra o dos por mar entre La Placita y La Privada. Detenido en 2006, fue extraditado a Estados Unidos. Cerca de La Placita se encuentra el Rancho Mendoza, donde ocurrió el primer gran crimen relacionado con el narcotráfico en Michoacán. En agosto de 2002 fueron ejecutadas nueve personas, entre ellas el dueño del rancho, José Mendoza Soto, familiar de quien fue procurador de Justicia de Colima, Jesús Antonio Sam López. Las otras víctimas eran habitantes de Aquila y Coahuayana.

La Procuraduría General de Justicia del Estado de Michoacán (PGJEM) estableció que desde tres años antes el rancho era usado por narcotraficantes. El móvil fue el crimen de un miembro de la familia Valencia, del cártel del *Milenio*, en represalia por la desaparición de un cargamento de cocaína. La droga llegaba de Colombia y era arrojada desde avionetas y helicópteros a las costas del municipio, donde los trabajadores del rancho la recogían. Esa práctica continúa, pero hay innovaciones en el trasiego, como el uso de submarinos ligeros que navegan debajo de barcos camaroneros.

El crimen de Aquila marcó una nueva etapa del narcotráfico en Michoacán: la más violenta. Desde entonces se han registrado más de 2 mil 600 ejecuciones, según datos de la PGJEM. La mayoría de ellas, mil 500, han ocurrido desde que el gobierno de Felipe Calderón puso en marcha el Operativo Conjunto Michoacán, en diciembre de 2006. Además, la PGJEM estima en alrededor de 600 el número de levantones.

Al control que tuvieron los sinaloenses del mercado de mariguana en los años ochenta, con la presencia de Caro Quintero, siguió el auge de la cocaína y las metanfetaminas. En los noventa, seis grupos del narcotráfico operaron en Michoacán: el cártel de Juárez, de *El Señor de los Cielos*; el de los hermanos Amezcua, de Colima; el cártel del *Milenio*, de los hermanos Valencia; el de Sinaloa, con Ismael *El Mayo* Zambada y *El Chapo* Guzmán; el cártel del Golfo, de Juan García Ábrego y Osiel Cárdenas Guillén; y el de Tijuana, de los hermanos Arellano Félix. Los más activos desde entonces han sido los de Sinaloa y del Golfo. De ello da cuenta la presencia de sus primeros líderes, Héctor Luis *El Güero* Palma, y García Ábrego. El primero fue detenido en 1995 en Zapopan, Jalisco, cuando convalecía de las heridas que sufrió cuando la avioneta en que se transportaba cayó cerca de Tepic, Nayarit. Los fajos de dinero que se le encontraron tenían el cintillo de una sucursal de Banamex en Zitácuaro, Michoacán. Poco antes de su detención en 1996, García Ábrego se la pasó jugando gallos en el rancho La Tregua, de los hermanos Luis y Armando Valencia Cornelio, a ocho kilómetros de Uruapan.

El múltiple crimen del Rancho Mendoza fue para vengar la ejecución, en febrero de 2002, de Jorge Luis Valencia González, sobrino de Armando Valencia, *El Maradona*, quien era el líder del cártel del *Milenio*. Los Valencia habían pasado de productores de aguacate a traficantes de cocaína y anfetaminas a Estados Unidos. El asesinato de Jorge Luis fue atribuido a Carlos Alberto Rosales Mendoza, *El Carlitos* o *El Tísico*, hasta entonces aliado de Valencia. Rosales se unió al cártel del Golfo. Fue una alianza muy efectiva para Osiel Cárdenas, quien desplegó en el estado a su brazo operativo, *Los Zetas*. El grupo paramilitar hizo del estado un cuartel. Tuvo como campo de entrenamiento el rancho La Tupitina, en Lázaro Cárdenas, propiedad de Eusebio Mamés Velázquez Mora, ex alcalde de Aquila. *Los Zetas* sentaron precedente en el estado y en el país: protagonizaron la primera gran fuga de un penal en México. En enero de 2004, un comando armado liberó a 25 reos del penal de Apatzingán. Entre ellos, dos de sus lugartenientes. La práctica hizo escuela en el país.

Con la detención de Osiel, en octubre de 2003, *El Tísico* quedó como jefe de la célula del Golfo en Michoacán, pero con operaciones en Querétaro, Guanajuato, el Estado de México y parte de Guerrero. Fue detenido en Morelia, en octubre siguiente, cuando planeaba liberar a su jefe del penal de La Palma, en el Estado de México. Aunque los informes policiales identifican a Julio César Rosales Morales como el actual jefe de *Los Zetas* en Michoacán, además de liderazgos locales, los agentes de seguridad entrevistados aseguran que muchos integrantes del brazo armado del cártel del Golfo entran y salen del estado para realizar sus operativos: "Llegan con listas, actúan y se van, como si fueran cazarrecompensas".

Los Zetas se establecieron en el estado de la mano de la organización que ahora se conoce como *La Familia Michoacana*, pero que cuando hacía mancuerna con los paramilitares se hacía llamar *La Empresa*. Mermado el cártel de los Amezcua y reorganizados los cárteles de Tijuana y de Juárez, los tres grupos con más presencia en Michoacán son *La Familia*, *Los Zetas* y una alianza formada por los Valencia y el cártel del Pacífico o de Sinaloa. A esos grupos se debe la violencia que se agudizó en 2006, cuando se registraron 661 homicidios dolosos en el estado, contra los 437 que hubo en promedio entre 2003 y 2005, según datos de la PGJEM. *Los Zetas* también están en disputa con el cártel del *Milenio*, organización que se consolidó durante los gobiernos de Víctor Manuel Tinoco Rubí, del PRI, y de Lázaro Cárdenas Batel, cuyo secretario de Gobierno fue el actual gobernador Leonel Godoy. Según informes policiales, Óscar Nava Valencia u Óscar Valencia, *El Lobo*, es el nuevo líder de esa organización, que sustituyó a Luis Valencia. Añaden que opera desde Coahuayana bajo la protección de Ignacio *Nacho* Coronel, Ismael *El Mayo* Zambada y *El Chapo* Guzmán, al que la PGR insiste en presentar como un capo que ha perdido importancia dentro del cártel del Pacífico.

En la región fronteriza con Jalisco, al amparo del cártel del *Milenio* surgieron *Los Antizetas*, patrocinados por Juan José Farías, *El Abuelo*, como respuesta a la presencia del brazo armado del Golfo, que contaba con protección policial. Hermano de Uriel —presidente municipal de Tepalcatepec y uno de los 10 alcaldes detenidos por las fuerzas federales en el operativo del 26 de mayo de 2009—, *El Abuelo* fue operador de Zhenli Ye Gon en la elaboración de metanfetaminas, según esos mismos informes.

Estructura

SURGIDA EN 2006 para "limpiar" a Michoacán y con una declaración de guerra a las drogas sintéticas, *La Familia* busca el control total del estado. Michoacán para los michoacanos, parece ser su divisa. Pero su presencia, según la Policía Federal, se extiende a Guerrero, el Estado de México, Morelos, Guanajuato y Oaxaca. Conocida por recurrir a la Biblia para adoctrinar a sus "guerreros" al estilo de la comunicación interna que tenía la *Cosa Nostra* en Italia, *La Familia* surgió de los liderazgos del narcotráfico en Uruapan y Apatzingán, donde es fácil encontrar casas y autos de lujo. Pero su presencia no compite con las casas y residencias de Aguililla, que por su extensión y estilo se conoce como "el Beverly Hills de Michoacán".

De acuerdo con informes de agencias de seguridad estatal y federales, el mando máximo lo ejerce Nicandro Barrera Medrano, *El Nica*, quien se fortaleció desde la relación temporal de *La Familia* con el cártel del Golfo. En esa posición, operó en Baja California, el sur de Ciudad Juárez, Michoacán, el Distrito Federal y Guerrero. Como jefe regional y encargado de la célula de Morelia figura Nazario Moreno González o Víctor Nazario Castrejón Peña, *El Chayo*, *Naza* o *El más loco*, autor de los mensajes que los informes oficiales caracterizan como "el evangelio de *La Familia Michoacana*". Según esos reportes, *El Chayo* mantiene relación con Jesús Méndez Vargas, *El Chango* o *El Chamula*, quien aún opera para el cártel del Golfo. Su grupo de seguridad se conoce como "Los Doce Apóstoles". Aseguran que al inicio de sus actividades tuvo la protección de la XLIII Zona Militar, de la que era vecino, en Apatzingán.

Hasta mediados de 2009, *La Familia* ha sufrido importantes bajas. En diciembre de 2008 fue detenido Alberto Espinosa Barrón, *La Fresa*, jefe de la organización en Morelia. En marzo de 2009 le ocurrió lo mismo a Rafael Cedeño Hernández, *El Cede*, encargado del "sector social". Era el director del centro de rehabilitación de alcoholismo y drogadicción Gratitud, donde reclutaba nuevos integrantes para la organización. Agentes de seguridad afirman en Morelia que mientras no se detenga al *Nica* o al *Chayo* "no les han afectado sus bases financieras: farmacias, tiendas de autoservicio, de saldos, ferreteras, abarroteras, de autolavado y un sinnúmero de negocios en todo el estado. Además, siguen fuertes con el narcomenudeo, las extorsiones, los secuestros, la piratería y el robo de autos".

Voluntariamente o no, decenas de funcionarios han sido cooptados por los cárteles. De ellos, 30 —incluidos 10 presidentes municipales y el ex procurador del actual gobierno, Miguel García Hurtado— están indiciados por la PGR por su presunta colaboración con la delincuencia organizada. Su detención resultó de un operativo policiaco-militar ordenado por Calderón el 26 de mayo de 2009, previo a las elecciones del 5 de julio.

NUEVO LEÓN

DE PODER A PODER

LUCIANO CAMPOS GARZA

HASTA LA DÉCADA PASADA, Nuevo León mantuvo un bajo perfil en el entramado del narcotráfico. Pero con el nuevo milenio llegó al estado la violencia con formas extremadamente cruentas y manifestaciones inéditas, como parte de la disputa por un mercado local de 200 mil consumidores y por el control estratégico del paso terrestre de droga más importante hacia Estados Unidos, por el que regresan al país dinero y armas procedentes de Texas, según un informe de inteligencia al que este reportero tuvo acceso. En estos años han sido ejecutados directivos, operativos y efectivos policiacos, así como militares, un diputado local y un juez, en ataques con armas largas, granadas y decapitaciones. Los periodistas también han sido blanco de las mafias. Y por primera vez en el país, un consulado estadounidense sufrió un atentado, cuando desconocidos balacearon de madrugada la sede diplomática y arrojaron al jardín una granada que no estalló.

El gobierno priista de Natividad González Parás se ha empeñado en responsabilizar por la escalada de violencia al anterior presidente de México, Vicente Fox Quesada, cuya laxitud permitió al narcotráfico reagruparse y tomar nuevos bríos, hasta convertirse en la fuerza paralela que ahora mantiene al país en zozobra. Pero justo a partir de 2003, con la llegada de González Parás, irrumpieron en la entidad narcotraficantes de Matamoros y sicarios de *Los Zetas*, que abrieron el negocio a punta de bala, en abierta lucha por la plaza que hasta finales de los noventa dominaba Joaquín *El Chapo* Guzmán.

Zona crítica

DE ACUERDO CON UNA RADIOGRAFÍA del narcotráfico elaborada por autoridades policiacas de México, se establece que Nuevo León, conformado por 51 municipios, es una plaza estratégica para el crimen organizado, con 3 millones de habitantes asentados en la zona conurbada formada por Monterrey, Guadalupe, San Nicolás, San Pedro, Santa Catarina, García, Escobedo, Apodaca y Juárez. Un millón más está disperso en otros 42 municipios. El informe explica que, "salvo la detención de Juan García Ábrego en 1996, coexisten signos tangibles de que la delincuencia organizada se ha posicionado en Nuevo León. Los primeros síntomas aparecieron en 1998 y tomaron rumbo definitivo en 2000". Hasta 2004, tres grupos peleaban el control de la plaza, pero en 2006 hubo varios reacomodos que, según el reporte, derivaron en una "lucha a muerte por el mercado del narcomenudeo" en el área metropolitana en 2007. San Pedro y Santa Catarina quedaron bajo el control del cártel de Sinaloa, mientras el del Golfo manejaba Monterrey, Guadalupe, San Nicolás y Escobedo. Luego, los grupos hicieron un pacto y mantienen divididos los mismos territorios, pero ya sin disputárselos. Fuentes federales consultadas confirman que son dos los operadores del negocio en Nuevo León. Por un lado, Sergio Villarreal Barragán, *El Grande*, que sirve al brazo de Sinaloa; Alfonso Lam Liu organiza las operaciones para *Los Zetas*.

Estado del narco

LA VIOLENCIA del narcotráfico en el estado comenzó a delinearse desde el sexenio de Carlos Salinas de Gortari. Durante aquella época se estableció y tomó auge el cártel del Golfo en el noreste del país (*Proceso* 1003), cuyos gobernadores eran los priistas Sócrates Rizzo García, en Nuevo León; Manuel Cavazos Lerma, en Tamaulipas, y Rogelio Montemayor, en Coahuila.

Precisamente en la administración de Rizzo, el gobierno federal dio en Nuevo León el golpe más sonado al narcotráfico hasta ese momento en el país: el domingo 14 de enero de 1996, en el municipio de Villa de Juárez, a 20 minutos al este de Monterrey, fue detenido Juan García Ábrego, jefe del cártel del Golfo y el más buscado de la época, quien se había asentado en esta entidad luego de huir de Matamoros. Inmediatamente después de su captura fue extraditado a Estados Unidos, donde permanece detenido. Tres meses después, el 17 de abril, Rizzo fue obligado a renunciar por el presidente Ernesto Zedillo. Pesaban sobre su gobierno señalamientos de infiltración del narcotráfico y escándalos de corrupción. El sucesor de Rizzo fue Benjamín Clariond Reyes, quien se adelantó a proteger al mandatario saliente al declarar que no había investigación en su contra. Los años posteriores fueron de relativa tranquilidad para la entidad. El cártel de Sinaloa era el dueño de la plaza. Fernando Canales Clariond, primo de Benjamín, ganó la elección en 1997 y se convirtió en el primer mandatario panista en la entidad. Meses antes de entregar el poder, Canales se integró al gabinete de Vicente Fox y dejó como interino a Fernando Elizondo Barragán, quien dio carpetazo al caso Rizzo: después de varios años de supuestas averiguaciones contra el ex gobernador, no encontraron elementos para responsabilizarlo de algún delito.

En el 2003, Elizondo le entregó la gubernatura al priista Natividad González Parás, y comenzó la guerra: durante su administración se han registrado las peores acciones del narcotráfico en la historia de la entidad. La violencia en Monterrey se disparó a partir del arresto de 20 integrantes del cártel de Sinaloa, el 16 de agosto de 2005, en una cafetería de la avenida Lázaro Cárdenas, al sur de la ciudad, durante un operativo coordinado por Marcelo Garza y Garza, director operativo de la Agencia Estatal de Investigaciones (AEI). Todos fueron enviados al Penal de Puente Grande, en Jalisco. Entre los detenidos estaban José Luis Carrizales Coronado, *El Tubi*, y Francisco Carlos Esquivel Maldonado, *El Capi*. Durante la redada, el primero de ellos juró venganza. Uno por uno fueron cayendo los involucrados que estaban del lado de la ley: la noche del 5 de septiembre de 2006, Garza y Garza fue asesinado de dos balazos en la cabeza cuando se encontraba en el exterior de la plaza Fátima, de San Pedro, adonde había ido con su familia. Eduardo Vidaurri Esquivel, jefe del Grupo Antisecuestros que ejecutó las detenciones, fue acribillado el 8 de mayo de 2007. El 21 de enero de 2008 fue asesinado el juez Ernesto Palacios López, ante quien habían sido consignados los detenidos. Lo cazaron de noche con fusiles AR-15 cuando se desplazaba en su jeep camino al juzgado. Antes de ser acribillado, Palacios había puesto en libertad a *El Capi* Esquivel, quien salió de Puente Grande en cumplimiento al juicio de amparo que le concedió un juez de distrito en Materia Penal contra el arresto por delincuencia organizada. Estos crímenes, como la mayoría de los perpetrados por el narco, siguen impunes.

Entra el Ejército

DESDE 2006, LA CIFRA DE EJECUCIONES en la entidad ha marcado un récord cada 12 meses. Aquel año hubo 55, de las cuales ocho correspondieron a policías, lo que provocó deserciones masivas y renuncias de uniformados municipales de Monterrey, San Pedro y Santa Catarina ante las amenazas del narco. El 16 de mayo ocurrió un ataque con granadas en el bar El Punto, de San Nicolás, dirigido contra Daniel Zamora Dimas, *Danny Boy*, quien trabajaba para la *Mafia Mexicana*, también conocida como la *Eme*, una pandilla del suroeste de Estados Unidos a la que se le atribuye participar en la venta de drogas, robos y extorsiones, así como cualquier cantidad de homicidios. El *Danny Boy* buscaba afianzar su alianza con el cártel de Sinaloa cuando fue emboscado en el antro, pero resultó ileso. Sin embargo, cuatro parroquianos murieron y 25 más resultaron heridos. Pronto se le acabaría la suerte. Zamora Dimas murió después acribillado mientras jugaba billar en una cantina de Guadalupe.

Los enfrentamientos y ejecuciones continuaron a lo largo del año. La policía local, con apenas 2 mil 700 agentes estatales y municipales en la calle, quedó totalmente rebasada. La percepción en la ciudad era de caos. Pese a ello, González Parás se resistía a que ingresara el Ejército, como ya había ocurrido en otros estados del país. En corto, el gobernador alegaba que temía por las posibles violaciones a los derechos humanos que podrían provocar los militares con su actuación. Poco antes de asistir al Foro Mundial de Economía, en Davos, tuvo que ceder y, mientras se encontraba en Suiza, la noche del jueves 25 de enero de 2007 aparecieron retenes militares de efectivos de la VII Zona Militar en las principales calles del área metropolitana, algo nunca antes visto en la capital del estado. El 18 de febrero de 2007, en una reunión del gabinete de seguridad, el secretario de la Defensa

Nacional (Sedena), Guillermo Galván Galván, aportó datos sobre la tropa y equipamiento que el Ejército envió a esta región para lo que llamó Operación Nuevo León-Tamaulipas: 2 mil 35 elementos, 48 vehículos tácticos, 12 binomios calófilos, dos aviones Cessna-182-SL, un helicóptero Bell-412, un helicóptero QH-60, un helicóptero Mi-17 y dos helicópteros Bell-206. La Secretaría de Seguridad Pública federal (SSP) envió 516 elementos y 70 vehículos operativos, un vehículo equipado con rayos gamma y dos helicópteros para labores de inteligencia operativa. Por su parte, la Procuraduría General de la República (PGR) destacó a 21 especialistas en servicios periciales y 44 agentes del Ministerio Público Federal.

Durante 2007 y 2008, los arrestos y decomisos se dieron a granel, pero la respuesta del crimen organizado no fue menor. A finales de marzo de 2007, se hicieron públicas las amenazas de *Los Zetas* contra funcionarios, como el procurador de Justicia, Luis Carlos Treviño, y el entonces secretario general de Gobierno, Rogelio Cerda, a quienes les dejaron dos recados en otros tantos cadáveres para que dejaran de "proteger" a la gente de Héctor Huerta, *El Chapo* Guzmán y *La Barbie*. El 10 de mayo desaparecieron el reportero de TV Azteca Gamaliel López y su camarógrafo Gerardo Paredes. La Policía Judicial del estado insinuó que habían sido levantados por las malas compañías de Gamaliel. La tarde del 12 de junio fue acribillado el diputado local priista Mario César Ríos Gutiérrez, cuando circulaba en su camioneta a menos de 100 metros del palacio municipal de Monterrey, a 200 metros de la sede del Congreso y a 500 metros del palacio de gobierno. El legislador tenía antecedentes por narcotráfico: en febrero de 1986 fue detenido con 12 kilos de mariguana y enfrentó un proceso federal.

Al final de 2007, el récord de ejecuciones volvió a ser superado: 107 asesinatos relacionados con el crimen organizado, 31 de ellos contra policías. 2008 no fue mejor, pero la violencia llegó a su máximo en octubre de ese año. El domingo 12, dos desconocidos dispararon contra las instalaciones del consulado de Estados Unidos en Monterrey, uno de los más grandes del mundo. También arrojaron en el jardín una granada que no estalló. La respuesta estadounidense fue inmediata y el entonces embajador Tony Garza afirmó que los crímenes no quedarían impunes. Cuatro días después, elementos del Ejército confiscaron en una bodega en San Nicolás nueve toneladas de mariguana —el mayor decomiso de ese tipo realizado en la entidad— y aseguraron un arsenal con más de 50 granadas, decenas de miles de cartuchos hábiles y equipo de radiocomunicación. Hubo un detenido. Ese mismo día, en otro operativo, se desató una balacera entre sicarios y federales que inició en la colonia Country La Silla y terminó en la colonia Pío X, cercana al consulado. A partir de ese momento se desató una cacería contra militares. Entre el 14 y el 22 de octubre fueron asesinados 10 efectivos y ex miembros de las Fuerzas Armadas. Todos fueron muertos a puñaladas. Lo más grave fue que Aldo Fasci Zuazua, secretario de Seguridad Pública, reconoció que había policías detrás de los crímenes de los soldados, y anunció más operativos "empezando por mi corporación [...] porque no dudo que ahí tenga yo a algunos traidores", dijo. Ese año cerró con 65 ejecuciones, incluidos los 10 militares y cuatro policías.

El 2009 inició caliente en Monterrey. El 6 de enero, en varios puntos de la ciudad aparecieron unas mantas contra el gobernador: "Natividad González. ¡Feliz 2009! Este año haga su trabajo. Nuevo León es hoy mundo de pandilleros, crimen organizado, deuda pública, invasión y robo de terrenos, tráfico vehicular, etc. ¡Seguridad y Vialidad! Nati ¿votaremos por tu candidato?". Firma: Memoria Colectiva. La noticia fue difundida por TV Azteca y Mutimedios. Televisa no transmitió nada, y esa misma noche desconocidos dispararon contra el portón del estacionamiento de esta televisora y arrojaron una granada que dañó algunos coches. Dejaron, además, una cartulina con un mensaje: "Ya dejen de transmitir nada más a nosotros, también transmitan a los narcomandatarios. Esto es un aviso". En febrero, los narcos ensayaron una nueva forma de presión: los tapados. Del 9 al 17 de febrero hubo seis bloqueos a las calles principales de Monterrey en horas pico, e incluso se extendieron a los cruces fronterizos en Tamaulipas. Detrás de las protestas el gobierno identificó a *Los Zetas*. Hombres y mujeres jóvenes, con rostros cubiertos con camisas, salieron a la calle para exigir el retiro de las calles del Ejército mexicano. El 10 de febrero fue detenido Juan Antonio Beltrán Cruz, *El Queco*. Se le acusaba de ser un *Zeta* y organizador de los bloqueos. En su poder tenía mochilas con útiles escolares que, según la Policía Judicial, era el pago a los manifestantes. Por la noche, radiofrecuencias de las diversas corporaciones policiacas que operan en Monterrey recibieron mensajes anónimos: los policías pagarían por haber encerrado al *Zeta*. El 11 de febrero fueron detenidos varios jóvenes durante otros bloqueos. El gobernador fue alertado sobre las amenazas y ordenó que todos se pusieran en alerta máxima. Al día siguiente por la mañana, la mafia actuó. Fue acribillado el comandante de la Agencia Estatal de Investigaciones, Ramón Jasso, al salir de su domicilio en la colonia Cumbres Oro.

En el último bloqueo de calles, la mañana del 17 de febrero, fueron detenidas 50 personas cuando regresaban en un camión a las colonias populares donde viven. Al ser interrogadas, madres de familia que acudieron con sus hijos pequeños dijeron que les habían dado entre 300 y 500 pesos por participar. Algunas dijeron que acudieron bajo amenazas: si se negaban, atacarían a su familia. A reporteros de varios medios de comunicación les advirtieron que sufrirían represalias si cuestionaban los bloqueos. Según las autoridades, los bloqueos respondían a una estrategia del cártel del Golfo para desacreditar al Ejército. Pero el resultado fue el inverso: por primera vez, la población manifestó una simpatía generalizada por la labor de la Sedena en el combate a los cárteles.

LAS ÚLTIMAS MANSIONES

PATRICIA DÁVILA

Era la madrugada del viernes 9 de mayo de 2008. Una caravana de vehículos último modelo invadía las angostas calles de la comunidad de Jesús María. Era un cortejo fúnebre. La elegante y sombría carroza que lo precedía se estacionó frente a una pequeña capilla. Nadie dormía ya. Niños, adultos y ancianos eran testigos, y algunos de ellos bajaron de la carroza un lujoso ataúd de caoba. En él iba el cuerpo de un joven de 20 años asesinado en la noche: Édgar Guzmán. Los pobladores se veían azorados. Estaban frente al féretro de uno de los hijos de Joaquín *El Chapo* Guzmán, el capo más poderoso de México, según la

DEA. Édgar fue ejecutado junto con su primo César Loera y con Arturo Mesa, hijo de Blanca Margarita Cázares Salazar, a quien el Departamento del Tesoro estadounidense conoce como *La Emperatriz* y sus paisanos como *La Chiquis*. Durante dos días y dos noches, las canciones interpretadas por varias bandas sinaloenses entristecieron más el ambiente de aquella ranchería de mil habitantes. Uno de los grupos interpretaba continuamente el corrido de *El Moreno* Édgar Guzmán:

...No presume su apellido
ni se la da de valiente,
pero si se rifa el cuero,
no se vale de su gente...

A la ceremonia, que ofició el sacerdote de la ranchería, acudió el pueblo entero. Si asistió *El Chapo*, nadie lo dice. En cambio, todos están convencidos de que aquí nunca hubo un funeral tan lujoso como éste, con música, comida y vino para todos. Las lágrimas no cesaban. Además, la señora Griselda, mamá de Édgar, agradeció la asistencia de todos con un recuerdo: un costalito que contenía un rosario de oro de 24 kilates. Ni la estridencia de las bandas musicales acalló las voces y los llantos cuando Édgar fue inhumado. Al tercer día del entierro se le empezó a construir un impactante mausoleo. Es una edificación de 2 mil metros cuadrados que se eleva en el panteón local, en un terreno aplanado de aproximadamente una hectárea, rodeado de modestas tumbas y de cerros, donde inicia la zona productora de mariguana y amapola mejor conocida como *El Triángulo Dorado* del narcotráfico, formado en la confluencia de los estados de Durango, Chihuahua y Sinaloa. Hasta mediados de 2009 todavía se notaban los andamios y los muros mostraban un aplanado de cemento gris, pero ya tenía forma: se trata de un gran cubo con gárgolas grisáceas y remates de cantera; y en la cúpula, una cruz de la misma piedra. Rodea el mausoleo una reja de hierro forjado, tras la cual hay bancas y varios postes de bronce, cada uno con cinco faroles. La capilla posee tres grandes puertas labradas en madera fina, como si fuera una catedral. Siempre vigilada, está abierta todo el día. En el sitio destinado al altar, en vez de la tradicional imagen de un santo o de alguna virgen se colocó una fotografía enmarcada de Édgar. En ella viste un traje de color marfil. Al pie de esta imagen los dolientes dejan pequeñas cruces y flores. Las paredes beige aún están desnudas, igual que el piso, que parece exigir la colocación de bancas que serán, sin duda, igualmente elegantes. Mientras, para los eventos religiosos la familia trajo sillas de plástico que permanecen apiladas en la caseta de vigilancia que está junto a la capilla. Cada mes se oficia una misa en memoria de Édgar y los domingos su familia acude a convivir junto a sus restos. Esas reuniones se realizan afuera de la capilla, frente a la puerta principal.

Por su parte, Arturo Mesa, el hijo de *La Emperatriz* acribillado junto con Édgar Guzmán, fue enterrado en el panteón particular San Martín, de Culiacán, exactamente en el privado Moisés, cuadrante C, de estilo americano, en una fosa con valor de 300 mil pesos. Ese 10 de mayo, fecha de tradicional visita a los cementerios, los administradores del panteón se prepararon para recibir a miles de visitantes como cada año, pero el lugar estuvo desierto. El narcosepelio causó pánico en la ciudad. Finalmente el cementerio sólo recibió al cortejo fúnebre de Mesa, formado por no más de 10 vehículos, eso sí, todos último modelo. Ahí las bandas callaron. Fue el Día de la Madre más triste en la vida de Blanca Margarita Cázares.

Monumentos al poder

HASTA EN LA MUERTE, los grandes capos pretenden demostrar su poderío. Por ejemplo, Emilio Cázares Salazar —a quien la DEA busca por distribuir droga en California, Arizona, Nueva York e Illinois— mandó construir una iglesia en su hacienda El Guayabito, de 10 hectáreas y ubicada en el municipio El Mocorito. Según los habitantes del pueblo más cercano, La Majada de Abajo, ese templo cuenta con 80 criptas y está rodeado de jardines, en los que hay un kiosco y un río. Al parecer Cázares Salazar quiso que éste fuera el lugar de reunión familiar en la muerte. Si ése era el plan, lo arruinó la PGR al incautar el rancho. Y aunque después lo devolvió, ahí ya no se ve actividad. Incluso a Jorge Cázares, el hermano de Emilio que fue asesinado el 7 de octubre de 2008, lo sepultaron en el panteón de La Majada de Abajo, donde tres albañiles echaron cimientos y castillos para lo que se convertiría en una modesta capilla de sólo 16 metros cuadrados. La historia viene de hace años. Muestra de ello es el capo Ernesto Fonseca Carrillo, *Don Neto*, acusado de asesinar a un agente de la DEA (Enrique Camarena) e iniciador del cártel de Guadalajara con Miguel Ángel Félix Gallardo y Rafael Caro Quintero, además de que impulsó inicialmente la "carrera" de Amado Carrillo Fuentes, *El Señor de los Cielos*, el líder del cártel de Juárez que en los años noventa se convirtió en el capo más poderoso de México.

Preso desde 1985 en el penal federal de Puente Grande, Jalisco, desde la cárcel *Don Neto* se mandó hacer un sepulcro de estilo griego, con mármol de Carrara. Si uno va al poblado de Santiago de los Caballeros, municipio de Badiraguato, en este mismo estado, la construcción se ve desde lejos porque está en la cima de un cerro. Muy cerca de la que será la tumba de Fonseca, Rafael Caro Quintero mandó construir la suya. Lo único que los dos famosos capos tienen seguro es su deseo de volver a su tierra, aunque sea después de su fallecimiento. Los narcotraficantes viven desafiando la muerte y, una vez muertos, pretenden la inmortalidad. Procuran que se les compongan corridos y sus restos reposen rodeados de imágenes religiosas, como si quisieran conservar su poder en el cielo y su recuerdo en este mundo. Esta idea se reafirma cuando se recorren los Jardines de Humaya, un panteón de Culiacán. Recorrerlo es como buscar direcciones en un fraccionamiento residencial. Los restos de los poderosos señores de la mafia mexicana se alojan en mausoleos de dos o tres pisos, con terrazas en las que incluso se organizan reuniones familiares. Uno de los sepulcros más sencillos es el del decano, Eduardo Fernández, *Don Lalo*, quien durante tres décadas a partir de los años cuarenta, de manera pacífica, controló el mercado de mariguana y goma de opio en la región. Está sepultado al fondo del panteón, en la sección Amapolas. Su cuerpo reposa en una sobria capilla en forma cúbica, construida con granito gris. Aun este "modesto" lugar de reposo tiene, en la parte superior, puertas y ventanas ovaladas, con cancelería de aluminio y cristales ahumados que apenas permiten ver hacia dentro. Sin embargo, se distingue una escalera recubierta de azulejos blancos y un altar adosado a la pared en el que se colocó una foto de *Don Lalo* y su esposa. A un lado, un busto de ella trabajado en granito. Gruesas capas de polvo y telarañas en los adornos, así como en las paredes y los arreglos de flores artificiales, indican que hace años nadie visita esta tumba. Muy cerca de ésta se alzaba la de José Inés Calderón Quintero, pero hace dos años, a petición de su esposa Elisa, fue exhumado por la funeraria San Martín y trasladado a Guadalajara. Su mausoleo era similar al de Eduardo Fernández.

Otro vecino de aquí descansa en un monumento fúnebre edificado en mármol blanco jaspeado de gris y con techo a dos aguas, como un Partenón. Por dentro tiene un nicho con columnas a los lados, que contiene globos, flores, muñecos de peluche y veladoras con figura de ángel. Las paredes, cubiertas del mismo mármol, lucen tres figuras de santos en relieve. En lo alto de las paredes cuelgan doradas guirnaldas de flores y querubines. En la cúpula destaca la imagen de una joven mujer y sus dos hijos pintada al fresco; ellos visten túnicas blancas y aparecen rodeados de nubes, como seres celestiales. Se trata del mausoleo de Guadalupe Leija Serrano, esposa de Luis Héctor *El Güero* Palma, y de sus hijos Nataly y Héctor. Ella fue descuartizada en San Francisco, California, en enero de 1990. Su cabeza, dentro de una caja, fue enviada a la residencia de Palma. Después de 15 días, la niña de cuatro años y el niño de cinco fueron arrojados desde lo alto del puente La Concordia, en Venezuela. Los sepultureros de aquí recuerdan que al sepelio sólo acudió la familia política de *El Güero*, que llegó en la carroza y dos coches. La tumba tiene un jardinero de tiempo completo y cada semana recibe la visita de la madre y dos hermanas de la esposa de Palma, que prenden veladoras, limpian el interior del sepulcro y rezan.

En Jardines de Humaya se encuentra también el monumento funerario de Gonzalo Araujo, *El Chalo*, un mando del cártel de Sinaloa al que las autoridades locales temían por su agresividad y que figuraba entre los más buscados por la PGR. *El Chalo* también fue sepultado con música de banda sinaloense. Desde su muerte, el 11 de agosto de 2005, su tumba recibe visitas diariamente. Al caer la tarde suele llegar gente que lo conoció, que a veces le lleva una banda, comida y bebidas. La fiesta suele terminar al día siguiente. Su capilla consta de dos plantas, con enormes balcones y remates de cantera rosada. Sus ventanas ovaladas tienen dinteles del mismo material, igual que las dos columnas redondas, cinceladas con franjas que ascienden en espiral. En su interior destacan tres nichos con grandes fotos enmarcadas del finado. También hay mesas y sillas listas para las reuniones. En el piso superior se construyó una gran terraza. Del techo pende una lámpara de cristal cortado, alimentada por una planta que almacena energía solar y que se utiliza en las noches de fiesta. Todos los días supervisa la tumba de Araujo un grupo de jóvenes que, por radio, notifican: "Todo está bien". Les responde una voz masculina. Este rondín se estableció después de que el sepulcro sufrió algunos saqueos.

Otros personajes que yacen aquí, en sendas capillas suntuosas, son los hermanos Adolfo y Julio César (*El Julión*) Beltrán Quintero. Del primero, dice su corrido:

> Julión *con su cuerno egipcio*
> *no les pudo disparar…*
> *compadrito del* Mochomo,
> *también del* Chapo *Guzmán…*

Muerto el 13 de julio de 2005, Julio César Beltrán, famoso por portar un cuerno de chivo de estilo "egipcio", fue sepultado en la sección Dalia, en una sencilla tumba, al son de un conjunto norteño. Un año después inició la construcción de una imponente cripta de mármol de Carrara con acabados de cantera gris claro. Las portezuelas de herrería tienen doble cristal, biselado en pequeños cuadros. Las ventanas laterales, de un metro de ancho por 2.5 de alto, tienen vitrales, uno de Cristo y otro de la Guadalupana. Adentro hay otra imagen de la Virgen de Guadalupe en relieve de madera y metal; el manto y el resplandor que la rodea están hechos de pedrería. Sobre una consola del mismo mármol se ven una foto de Julio y otra de una pareja. Hay veladoras y botes con agua y refrescos. Esta tumba era visitada con frecuencia por la mamá de los Beltrán Quintero, pero la gente de aquí no puede precisar cuándo dejó de hacerlo.

Anteriormente, el 29 de mayo de 2004, fue asesinado en Jalisco su hermano Alberto. A su sepelio llegó mucha gente, en una larga caravana de vehículos del año, y varias bandas sinaloenses tocaron canciones de despedida. Los restos de Alberto fueron depositados en una majestuosa construcción de estilo neoclásico, de mármol blanco con remates de cantera gris. Tiene dos plantas: la superior tiene dos balcones sostenidos por columnas, y en lo alto una cúpula de mosaico blanco remata con una exquisita escultura de un San Miguel Arcángel con alas extendidas y una espada en su mano izquierda. En la planta inferior hay una puerta y ventanas con cristal emplomado en amarillo y verde que parece jugar con los rayos del sol. A través de ellas se alcanza a apreciar, adentro, un cuadro de la Virgen de Guadalupe con un marco labrado. El padre, la hermana y un sobrino de los Beltrán Quintero también fueron cazados en una inacabable cadena de venganzas.

La tragedia de los Carrillo Fuentes

PERO APARTE DE LOS PANTEONES lujosos, como el San Martín o Jardines de Humaya, y del municipal de Jesús María, existen suntuosos palacios mortuorios en casas particulares, como el de Amado Carrillo Fuentes, *El Señor de los Cielos*, y su hermano Rodolfo, *El Niño de Oro*. El primero falleció el 4 de julio de 1997 durante una cirugía plástica. Muchos habitantes de El Guamuchilito, municipio de Navolato, aceptan que fueron al funeral atraídos por la versión de que el capo había fingido su muerte. Amado Carrillo fue enterrado en la cripta familiar, junto a su padre y sus hermanos. La mamá del capo, doña Aurora Fuentes, declaró a esta reportera que hace 10 años mandó levantar el mausoleo dentro de su finca para tener a sus muertos sólo a unos pasos de donde ella duerme.

La construcción mide 25 metros de largo por 10 de ancho. La superficie está cubierta por una nave ovalada de policarbonato y con estructura metálica, de la que cuelgan lámparas esféricas de cristal con ventiladores. La estructura se sostiene en columnas de mármol. Al fondo hay dos techos con remates de cantera. En este lugar se ofician misas los días 4 u 11 de cada mes, fechas del aniversario luctuoso de Amado y Rodolfo, respectivamente. El piso de mármol blanco con negro tiene una cruz al centro. De cada lado hay nueve bancas de mármol rosa, siempre adornadas con flores naturales. En la capilla izquierda está un cuadro con dos imágenes del rostro de Amado Carrillo. En una, a color, se ve en su época de esplendor, mientras que la otra, en blanco y negro, parece mostrarlo en su decadencia. Alrededor están distribuidos varios objetos: una pistola que apunta a su sien, así como cartas de lotería con las figuras del valiente, el gallo y la muerte, que son símbolos del poder, pero al mismo tiempo del juego de azar en que el capo convirtió su vida. Rodea estas imágenes una capa de hoja de oro. Entre ramos de flores pueden verse juntos a la Virgen de Guadalupe, San Judas Tadeo, Jesús Malverde y una réplica de *La Piedad*, de Miguel Ángel, además de un cuadro con una copla que escribió el propio Amado Carrillo:

Con mis hijos y mi esposa Sonia, Sinaloa, vengo a saludarte,
17 y 18 de marzo, querida esposa quiero festejarte.
Adiós rancho del Guamuchilito ya me voy pero luego regreso.
Yo le pido a mi madre Aurorita, me bendiga con un lindo beso...

Y sí: mañana, tarde y noche, la señora Aurora Fuentes eleva plegarias por sus hijos. Dice que siente "la tristeza por todos lados" e incluso hay días que no se levanta. A la derecha de esa tumba están sepultados *El Niño de Oro* y su esposa Giovanna Quevedo Gastélum. En su cripta se colocaron varias fotografías sobre una consola de mármol negro, de modo que forman una especie de narración de la vida de la pareja desde que se conoció y se casó hasta su trágica muerte: Rodolfo y Giovanna fueron asesinados el 11 de septiembre de 2004 al salir de un cine. Los sepultaron en un ataúd matrimonial con herrajes en oro, bajo la imagen del Cristo ensangrentado y con música de la banda sinaloense Los Plebes, de Navolato, que tocaron una y otra vez *El corrido del Niño de Oro*. También interpretaron *Te vas ángel mío*, canción con la que doña Aurora despedía a sus hijos cuando salían de su casa. No sólo era una súplica, sino también una confesión del dolor que le causaba la incertidumbre de volver a verlos:

Te vas ángel mío,
ya vas a partir,

dejando mi alma herida,
y un corazón a sufrir...

Uno de los mayores temores de doña Aurora era que volvieran cuando ella no pudiera ya recibirlos:

Pero a'i *cuando vuelvas*
no me hallarás aquí,
irás a mi tumba
y ahí rezarás por mí...

Lo que no esperaba la madre de los Carrillo Fuentes es que sería ella quien les diera el último adiós.

SONORA

LA INVASIÓN DE LOS BELTRÁN

RICARDO RAVELO

CUANDO FORMABAN PARTE de la llamada *Federación de Narcotraficantes,* encabezada por Joaquín Guzmán Loera —a quien iniciaron en el negocio de las drogas a mediados de los años setenta y protegieron durante su encarcelamiento en el penal de Puente Grande, Jalisco, y después de su fuga, en enero de 2001—, los hermanos Beltrán Leyva dominaban el tráfico de drogas en 15 estados del país, la mayoría de ellos colindantes con el Pacífico. Poderosos y considerados como uno de los grupos más fuertes en el negocio del tráfico de drogas, los hermanos Marcos Arturo, Mario y Carlos Beltrán Leyva se afianzaron en Sonora con el respaldo de las policías estatales y federales, y desde esa entidad dirigen la mayor parte de sus operaciones, ahora ligados con *Los Zetas*, sus nuevos aliados. Y es que tras la ruptura con el cártel de Sinaloa (liderado por *El Chapo* Guzmán y otros importantes capos, como Ismael Zambada García, *El Mayo*; Juan José Esparragoza Moreno, *El Azul*; así por como Ignacio *Nacho* Coronel), los hermanos Beltrán Leyva tuvieron que tejer nuevas alianzas para mantenerse firmes en su negocio: además de sellar un pacto con el cártel del Golfo, pactaron con el cártel de Juárez, encabezado por Vicente Carrillo Fuentes, hermano del extinto *Señor de los Cielos*. Con amplias relaciones dentro del gobierno federal —un caso ilustrativo de su poder corruptor es que lograron infiltrarse en la SIEDO y coludirse con funcionarios—, los Beltrán Leyva se hallan afianzados en esta entidad. Aquí disponen de importantes apoyos de las policías locales y de narcotraficantes, entre éstos los grupos conocidos como *Los Números* y *Los Güeros*, dos de los más violentos que operan en el estado.

Los nuevos acuerdos entre los Beltrán Leyva y otras organizaciones criminales no han dejado de sacudir a Sonora, que junto con Sinaloa, Durango y Chihuahua son de las rutas más socorridas por el narcotráfico. Por ejemplo, la alianza Beltrán-*Zetas*-cártel de Juárez ha derivado en decenas de enfrentamientos, pues el cártel de Sinaloa consideraba a Sonora como uno de sus territorios más sólidos. Esta última organización delictiva ya fue desplazada de la entidad, al costo de "un baño de sangre". Las estadísticas de la Procuraduría General de Justicia de Sonora registraron, de enero de 2006 a enero de 2009, mil 86 asesinatos, la mayoría de ellos relacionados con el tráfico de drogas, según se reconoce oficialmente. Y a partir de enero de 2008, cuando se rompió la relación entre los Beltrán Leyva y el cártel de Sinaloa, en Sonora las ejecuciones aumentaron: 398 durante ese año (el de la ruptura) y 33 más hasta mediados de 2009.

La historia negra

LA CÉLULA ENCABEZADA por Marcos Arturo, Héctor y Mario Beltrán Leyva, conocidos en el mundo del hampa como *Los Tres Caballeros*, es tan antigua como el cártel de Juárez, su cuna. A mediados de los años ochenta, tras la muerte de Pablo Acosta —fundador de lo que ahora se denomina cártel de Juárez— heredó el poder a Rafael Aguilar Guajardo, por aquellos años un poderoso jefe de la Dirección Federal de Seguridad afincado en la Comarca Lagunera, pero con fuerte influencia en Chihuahua. En 1989, Amado Carrillo ya formaba parte de ese grupo criminal como el segundo hombre más importante del cártel, pero su nombre no era tan conocido. Tan es así que ese año efectivos militares lo detuvieron en la sierra de Sinaloa y no lo identificaron. Fue trasladado a la Ciudad de México y procesado por posesión de arma prohibida. En el momento de su detención traía consigo una pistola con incrustaciones de diamantes, según se asienta en el expediente del caso. Carrillo Fuentes quedó internado en el reclusorio Sur, donde conoció y trabó amistad con Miguel Ángel Félix Gallardo, fundador del llamado cártel del Pacífico. De este grupo delictivo surgieron los hermanos Beltrán Leyva, en particular Arturo, el mayor de ellos y uno de los más veteranos en el negocio. En abril de 1993, el mundo del narco sufrió un reacomodo. La sacudida fue consecuencia de la ejecución de Aguilar Guajardo en Cancún, Quintana Roo. Para entonces Amado Carrillo ya había sido puesto en libertad y se había convertido en máximo jefe del cártel de Juárez, a cuya estructura se sumaron los Beltrán Leyva y otras figuras emblemáticas, como *El Mayo* Zambada y Juan José Esparragoza Moreno, *El Azul*, un capo con habilidades de conciliador entre grupos antagónicos. En 1997, Amado Carrillo falleció luego de someterse a una cirugía plástica y a una liposucción, por lo que sobrevino un nuevo reacomodo: los Beltrán Leyva se impusieron como una de las células más poderosas del país. Dueños de una fortuna descomunal, buena parte de ella amasada mediante el tráfico de drogas, los Beltrán Leyva se afianzaron en Sonora, Guerrero, Nuevo León, Sinaloa, Coahuila, Querétaro y una docena de entidades más en las que han dado muestras de su poder corruptor y de su capacidad de fuego.

La averiguación previa PGR/SIEDO/UEIDCS/021/2005, así como las causas penales 82/2001 y b125/2001, dan cuenta del poderío de los Beltrán Leyva. Ambos expedientes señalan que Marcos Arturo —llamado también *El Barbas*— y Mario Alberto, *El General*, ambos buscados dentro y fuera de México, consolidaron el poder de Joaquín Guzmán Loera, *El Chapo*, después de que éste se fugó del penal federal de Puente Grande. Las mismas averiguaciones indican que los Beltrán Leyva son nativos de Temeapa, municipio de Badiraguato, Sinaloa, y proceden de un clan cuyas actividades han girado por décadas en torno a la siembra y tráfico de goma de opio. De acuerdo con informes policiacos, estas actividades familiares se remontan a más de medio siglo. En los expedientes se indica que el testigo protegido *Julio*, cuyo nombre real es Marcelo Peña y fue cuñado de *El Chapo* Guzmán, reveló en sus declaraciones judiciales otros detalles sobre las influencias territoriales y el poder económico de los Beltrán Leyva. En 2001 *Julio* declaró que "la antigüedad de los Beltrán Leyva en el negocio de siembra y tráfico de drogas es tal que Arturo Beltrán fue quien inició en el narcotráfico a *El Chapo*, quien tiene poco más de 20 años de trayectoria delictiva". Y añadió que el radio de acción que dominan los Beltrán Leyva abarca Sonora, el Distrito Federal, el Estado de México, Sinaloa, Guerrero, Chiapas, Querétaro, Jalisco, Quintana Roo, Tamaulipas y Nuevo León. Según el testigo, la fortuna de los hermanos es tan inmensa como su poder, pues, afirman, poseen suites de lujo y casas en Acapulco y en los estados referidos, un equipo de futbol profesional de salón en Sinaloa, una empresa de blindaje en Nuevo León y fastuosas residencias en Valle de Bravo. *Ju-*

lio sostiene que "Arturo Beltrán es primo lejano de *El Chapo*, a quien inició en el negocio de la cocaína, ya que me lo dijo [Arturo] Beltrán una vez que fui a pedirle dinero de parte de *El Chapo* a la ciudad de Querétaro. Esto pasó entre 1995 y 1996". Añade: "Sé que esta persona es muy ostentosa y que tiene una casa en Acapulco, porque *El Chapo* me mandó una vez a visitarlo, citándome en su casa que tiene en el fraccionamiento Las Brisas de Acapulco".

Aun cuando en distintos momentos formaron parte del cártel de Juárez, primero, y del de Sinaloa después, los Beltrán Leyva siempre han tenido una bien organizada división del trabajo, según asienta el Centro Nacional de Planeación e Información para el Combate a la Delincuencia (Cenapi) en el oficio C1/C4/ZC/0340/05. En este documento se afirma que Héctor Alfredo Beltrán Leyva, *El Mochomo*, preso en Puente Grande desde enero de 2008, nació el 15 de febrero de 1951. Antes de su aprehensión, Héctor Alfredo era lavador de dinero. Mario se dedicaba a la siembra y a la comercialización de estupefacientes, y Arturo —el mayor de los hermanos e identificado como el jefe— realizaba las tareas de cooptación de funcionarios públicos, desde policías, comandantes y militares hasta agentes del Ministerio Público federal, para obtener información "sensible" sobre operativos, órdenes de aprehensión y solicitudes de extradición del gobierno de Estados Unidos. Aunque ya eran poderosos y dominaban el estado de Sonora, los Beltrán Leyva se afianzaron en esta entidad a partir de 2003, coincidentemente con la elección del priista Eduardo Bours Castelo como gobernador. De acuerdo con versiones públicas y datos hemerográficos, presuntamente comenzaron a tejer alianzas con las policías locales a partir del 2000, cuando Ricardo Bours Castelo, hermano del mandatario, fungió como presidente municipal de Ciudad Obregón. En ese tiempo el jefe de la policía era Ricardo Tapia Chang —ex director de la Policía Judicial del estado—, y Abel Murrieta, procurador de la entidad en 2009, se desempeñaba como subprocurador de Averiguaciones Previas en el estado (*Proceso* 1577).

Sin embargo, el grupo cobró todavía mayor fuerza tres años después, cuando comenzaron a desencadenarse matanzas, levantones y secuestros, pues otros grupos rivales pretendían ocupar la plaza sin pagar el llamado "derecho de piso".

Los Beltrán Leyva dieron una muestra más de su poder corruptor en febrero de 2005, cuando se hicieron públicas diversas grabaciones, obtenidas por la DEA, en las que resultó implicado el sonorense Nahum Acosta Lugo, entonces coordinador de giras de la Presidencia de la República en el gobierno de Vicente Fox y quien había sido recomendado para desempeñar ese cargo por su paisano Manuel Espino, ex dirigente nacional del PAN. Rafael Macedo de la Concha, a la sazón procurador General de la República, declaró que la dependencia a su cargo contaba con testimonios de personas que afirmaban haber entregado dinero de los Beltrán Leyva a Nahum Acosta Lugo, con el fin de que el funcionario les proporcionara información confidencial del gobierno mexicano. Posteriormente, sin embargo, la PGR tuvo que dejar en libertad a Acosta Lugo, pues si bien en las grabaciones que se hicieron públicas se le escuchaba conversando con Arturo Beltrán Leyva, el juez responsable de la causa consideró que esto no constituía delito alguno.

La estructura criminal

Durante un recorrido por Ciudad Obregón, Guaymas, Agua Prieta, Hermosillo y Puerto Peñasco —principales corredores de la droga en Sonora— se pudo confirmar que, pese a la ruptura con el cártel de Sinaloa, la estructura de los Beltrán Leyva está más afianzada en la entidad. Policías estatales consultados y que pidieron el anonimato por temor a eventuales represalias aseguran que el organigrama de la célula representada por los Beltrán Leyva la conforman, además de Arturo, Mario y Carlos Beltrán, la familia Salazar Ramírez, encabezada por el presunto narcotraficante Adán Salazar Zamorano. Hasta 2006 a este grupo pertenecían —según las mismas fuentes consultadas— Juan Diego Espinoza Ramírez, *El Tigre*, y su novia Sandra Ávila Beltrán, quien saltó a la fama como *La Reina del Pacífico*. Espinoza Ramírez, que enfrenta una solicitud de extradición del gobierno de Estados Unidos, era el principal contacto de los Beltrán Leyva con el cártel del Norte del Valle, de Colombia, una rama del extinguido cártel de Cali que, por décadas, estuvo representado por los hermanos Gilberto y Miguel Rodríguez Orejuela, encarcelados en Estados Unidos. De acuerdo con versiones policiacas recabadas por este reportero, al grupo de Salazar también pertenecen Enrique Salazar Villa y Salomón Benítez, *El Licenciado*. Este grupo tiene amplio dominio en el corredor Sonora-Arizona.

Los Beltrán Leyva tuvieron que esperar varios años para acaparar a Sonora como si fuera territorio de su propiedad. Además de las circunstancias políticas que los beneficiaron a partir de 2003, su poder creció en el sur del estado luego del asesinato, en mayo de 1998, de Rodolfo García Gaxiola, alias *El Chipilón*, quien como jefe de la desaparecida Policía Judicial Federal en Sonora brindó protección a la organización de los hermanos Arellano Félix. Luego cambió de bando y permitió que los Beltrán operaran en Ciudad Obregón y Cajeme, centros receptores de droga. Paralelamente, los Beltrán Leyva, a quienes se les atribuyen las ejecuciones de decenas de mandos de la Policía Federal Preventiva y de la Agencia Federal de Investigación, se apoderaron de amplias extensiones de tierras, mediante compras y despojos, para sembrar mariguana en lo que se conoce como *El Cuadrilátero del Diablo,* conformado por la región de la Sierra Madre y que cubre buena parte de los estados de Chihuahua, Durango, Sinaloa y Sonora. En estos puntos estratégicos, afirman las fuentes consultadas, la droga es transportada por la región de la sierra de Álamos, Sonora, con dirección a la frontera norte del estado, principalmente a las ciudades de Agua Prieta y Nogales. Para sortear los peligros, los Beltrán Leyva disponen de una amplia red de burreros en todo el territorio sonorense, quienes "están bien arreglados con las autoridades locales y federales, a cambio de cuantiosas sumas de dinero, y con eso basta para no ser molestados".

—¿El gobernador Eduardo Bours tiene conocimiento de esta información? —se les pregunta a las fuentes policiacas.

—Debe saberlo, pero aquí todo el mundo calla.

DOMINIO DE "LOS ZETAS"

ARMANDO GUZMÁN

Durante el inicio del gobierno del priista Andrés Granier, el negocio del narco creció inexorablemente en Tabasco. Con la renuncia por "motivos de salud" del general Héctor Sánchez Gutiérrez a la Secretaría de Seguridad Pública (SSP), a inicios de 2009, sumaban tres los militares que habían dejado el cargo en apenas dos años de gobierno del priista Andrés Granier Melo. Por la dependencia han pasado los generales Francisco Fernández Solís, quien estuvo al frente de la SSP del 1 de enero al 7 de junio de 2007; Alberto Espinoza Ramírez, quien lo sustituyó ese día y permaneció en el cargo hasta el 6 de febrero de

2008, y el propio Sánchez Gutiérrez, general Diplomado de Estado Mayor en retiro, quien ocupó la titularidad de la SSP estatal del 6 de febrero de 2008 al 30 enero de 2009.

Cuando Fernández Solís fue titular de la SSP hubo 22 ejecuciones y ocho plagios; en la de su sucesor se perpetraron ocho ejecuciones y 18 secuestros, y en la de Sánchez Gutiérrez la ola delincuencial se disparó: 64 secuestros y 32 ejecuciones, incluidas algunas decapitaciones. Hasta hoy la delincuencia sigue desatada. En la primera quincena de febrero de 2009, por ejemplo, se registraron tres ejecuciones más y tres balaceras entre presuntos sicarios de *Los Zetas* y fuerzas del orden. El saldo: cuatro pistoleros muertos y nueve detenidos. El 6 de marzo de 2007, tres meses después de que el general Fernández Solís asumiera el cargo de secretario de Seguridad, un grupo de pistoleros intentó asesinarlo cuando abordaba su camioneta luego de salir de un desayuno en un hotel de esta capital. Aunque el funcionario salvó la vida, sufrió lesiones que le hicieron perder un ojo. Su chofer y escolta, José de la Luz Pérez Mayo, murió acribillado. A partir de entonces se desató la ola de violencia en Tabasco y quedó al descubierto la complicidad de mandos policiacos municipales, estatales y federales con el crimen organizado. En esa ocasión fueron arrestados Juan Cano Torres, antecesor del general Fernández Solís en la SSP, así como los oficiales José Fernando Santiago Rodríguez, René Castillo y David Sánchez Alejandro, acusados de ser copartícipes en ese atentado. Cano Torres fue puesto bajo proceso en la cárcel de Puente Grande, Jalisco, y Santiago Rodríguez fue recluido en el Centro de Readaptación Social del Estado de Tabasco (Creset); los otros dos fueron puestos en libertad.

Lo cierto es que desde mediados de 2006, último año de la gestión de Manuel Andrade Díaz como gobernador, se manifestaron las primeras señales de la presencia de la delincuencia organizada en Tabasco y su nivel de infiltración en altos mandos policiacos estatales y municipales. En julio de ese año fue detenido de manera fortuita Mateo Díaz López, alias *comandante Mateo*, así como su guardaespaldas, el nicaragüense Alexander Bermúdez Zamora, por escandalizar en un bar del municipio de Cunduacán. Ambos fueron recluidos en la cárcel municipal por ese hecho y por posesión de armas de alto poder, halladas por las autoridades en un vehículo de Díaz López. Dos horas después, un grupo de pistoleros a bordo de cuatro vehículos rodeó el penal e intentó infructuosamente liberarlos a bazucazos. Sin embargo, en la refriega dio muerte a un policía judicial y a un agente de tránsito. Después, las autoridades descubrieron que Mateos Díaz era un alto jefe de *Los Zetas*, que ya operaban en Tabasco, y se le identificaba como el *Z-10*.

Antes, en junio de ese año, el ganadero Ponciano Vázquez Lagunes y cuatro de sus trabajadores fueron ejecutados. Sus cuerpos, localizados dentro de una camioneta en una carretera rural del municipio de Huimanguillo, estaban esposados y tenían el tiro de gracia, así como huellas de tortura. Habían sido plagiados en Villahermosa dos semanas antes. En noviembre fue ejecutado el alcalde perredista de Huimanguillo, Walter Herrera Ramírez, a las puertas de su rancho Los Cuates, cuando descendía de su camioneta.

La infiltración

EN AGOSTO DE 2008, el gobernador Andrés Granier Melo admitió que 11 corporaciones policiacas de los 17 municipios de Tabasco estaban infiltradas por el crimen organizado. Y demandó a los alcaldes —10 del PRI y siete del PRD— realizar una "purga" en las corporaciones. Días antes, el 23 de julio, Gustavo Rosario Torres había renunciado "por razones personales" como titular de la Procuraduría General de Justicia del Estado de Tabasco (PGJET).

El 11 de agosto, el presidente del Consejo Ciudadano para la Seguridad Pública, José Antonio Ortega Sánchez, convocó a una rueda de prensa en la Ciudad de México para presentar dos audios de una conversación en la que Rosario Torres y el subprocurador Alex Álvarez Gutiérrez hablan con el abogado Francisco Javier Estrada Sánchez sobre la presunta compra de un cargamento de cocaína. Rosario Torres, quien se encontraba fuera de Tabasco, regresó a la entidad para rechazar las imputaciones. Dijo que las grabaciones eran un "grotesco montaje" y presentó una demanda ante la PGR contra quien resultara responsable para, dijo en esa ocasión, lavar su "nombre y honor". Lo mismo hicieron el subprocurador Álvarez Gutiérrez y el abogado Estrada Sánchez. El gobernador Granier Melo calificó como "un agravio" la denuncia de Ortega Sánchez y aseguró que las grabaciones fueron "truqueadas". "Dicho señalamiento representa un agravio al gobierno del estado y a los servidores públicos que trabajan firmemente enfrentando de manera decidida a la delincuencia en todas sus expresiones", declaró el mandatario tras dar posesión a Rafael González Lastra como nuevo procurador de Tabasco.

El pasado 12 de febrero reapareció el ex procurador Rosario Torres en un noticiario radiofónico para denunciar que la PGJET y la Subprocuraduría de Investigación Especializada en Delincuencia Organizada (SIEDO) presionaban a policías ministeriales arraigados para que lo implicaran con la delincuencia organizada. Según él, González Lastra viaja cada semana a la Ciudad de México y visita la SIEDO, donde obliga a los policías ministeriales arraigados por supuestos vínculos con el narcotráfico para que firmen declaraciones que lo relacionen con el crimen organizado. El ex procurador reiteró que las conversaciones grabadas según las cuales él participa en la compra de drogas, "es un burdo montaje"; incluso acusó al secretario de gobierno, Humberto Mayans Canabal, de estar detrás de ese entramado. Los funcionarios aludidos por Rosario Torres rechazaron las imputaciones.

La revelación de Granier sobre la infiltración del narcotráfico en los cuerpos policiacos de Tabasco se sustentó en una supuesta narconómina encontrada en una casa de seguridad de Villahermosa. De acuerdo con la SIEDO, el cártel del Golfo destinaba 5 millones de pesos mensuales para el pago de más de 200 mandos y agentes policiacos federales, estatales y municipales. Las primeras señales de esos presuntos vínculos surgieron en abril de 2007. En esa fecha fueron capturados 12 policías del municipio de Paraíso, así como el subdirector administrativo del ayuntamiento, Manases Flores Angulo, y dos comandantes implicados en el intento de homicidio del subdirector de Seguridad Pública local, Saturnino Domínguez.

En septiembre de 2008, un mes después de la denuncia de Granier, fuerzas federales, militares y estatales iniciaron la batida contra presuntos narcopolicías. En el municipio de Cárdenas, segundo en importancia de Tabasco y gobernado por el PRD en ese momento, fueron detenidos el director de Seguridad Pública, Juan Carlos Guzmán Correa, y cinco comandantes de esa dependencia, el comisario de la Policía Federal Preventiva (PFP) en el estado, Arturo Herrera Valles, y el director de la policía de la SSP, Jesús Arellano Flores. Asimismo, en el municipio de Balancán fueron capturados 10 policías, entre ellos cuatro comandantes. La operación limpieza se reanudó el 9 de diciembre, con el arresto de otros 11 presuntos narcopolicías de los municipios de Paraíso, Centla y Balancán. Al día siguiente fueron capturados tres policías en el municipio de Cárdenas y uno más de Balancán. Según la SIEDO, todos ellos aparecían en la supuesta narconómina del cártel del Golfo.

Binomio narco-secuestro

El narcotráfico mantiene una estrecha relación con los casos de secuestro en la entidad, que también han repuntado. Por manifestar su repudio en contra del plagio de personas, Alejandro

Zenón Fonseca Estrada, conductor de un programa radiofónico que se transmitía en las frecuencias de EXAFM, del Grupo ABC Radio de la Organización Editorial Mexicana (OEM), fue asesinado la noche del 23 de septiembre de 2008. Semanas después de ese homicidio, en un enfrentamiento con miembros del Ejército y con policías federales y estatales, fueron capturados cuatro sicarios de *Los Zetas* en el municipio de Teapa. Los hechos sucedieron el 30 de octubre, cuando los pistoleros pretendían cobrar el rescate de una mujer plagiada tres días antes.

Los detenidos fueron identificados como Ricardo López Ortiz, *El Pitufo*; Francisco Javier Ruiz González, *El Mohicano*; Arsenio Rosales Sirlone y Ageo Sirlone Gómez, a quienes se les aseguraron armas largas, cartuchos, celulares, dinero en efectivo y una casa de seguridad en Pichucalco, Chiapas. Durante los interrogatorios, *El Pitufo*, considerado uno de los siete criminales más peligrosos de *Los Zetas*, confesó haber asesinado a *El Padrino* Fonseca.

La batida en Tabasco contra la delincuencia organizada arreció la segunda semana de febrero de 2009. El día 10, luego de una larga persecución desde Villahermosa, un grupo de presuntos sicarios se enfrentó a balazos con el Ejército y la policía en el municipio de Macuspana. El saldo fue de un pistolero muerto y cuatro detenidos. Ese mismo día, por la noche, en los límites de Tabasco y Chiapas, en el municipio de Reforma, hubo otro enfrentamiento en el que murieron tres presuntos sicarios y otros tres fueron detenidos, todos ellos del grupo de *Los Zetas*.

LA CONJURA DEL SILENCIO

EN LA CUNA del cártel del Golfo, los integrantes de la delincuencia organizada no sólo incursionan ya en giros como la venta de pollo o la invasión de predios urbanos, sino que la propia sociedad ha empezado a contratarlos como cobradores de deudas o como ejecutores de venganzas. Es por eso que José —uno de los muchos empresarios de este puerto que el año pasado fue víctima de secuestro y que pidió no publicar sus apellidos— sentenció: "Yo estoy convencido de que Tamaulipas es el primer narcoestado que hay en el país; aquí se da una convivencia de dos poderes que aparentemente operan con acuerdos de facto". Se refiere al hecho de que tanto autoridades como medios de comunicación guardan un completo silencio sobre lo que está haciendo la delincuencia organizada. Y es que desde 2007, cuando el cártel del Golfo logró ganar la "guerra" que sostenía con los de Sinaloa por el control de Nuevo Laredo, los capos se dispusieron a "enfriar la plaza" disminuyendo u ocultando las balaceras y las estadísticas de ejecuciones y secuestros. Se trataba de dar la imagen de que Tamaulipas estaba "en calma". Esto ha implicado que los medios de comunicación locales sean objeto de violencia o de amenazas para censurar, manipular o resaltar ciertas informaciones. Así, aunque haya balaceras, decomisos, secuestros o ejecutados, ningún medio de comunicación local publica lo ocurrido, y tanto el gobernador Eugenio Hernández Flores como su gabinete y los alcaldes no sólo guardan silencio, sino que resaltan que en Tamaulipas la violencia "es cosa del pasado".

Eduardo Alcalá Ruiz, presidente del Consejo Cívico de Ciudadanos e Instituciones Sociales de Ciudad Victoria, asegura que los tamaulipecos adoptan la postura de "no veo ni me entero de nada", debido a que han comprobado que no existe un combate real al narcotráfico y que no hay autoridad —municipal, estatal o federal— en la que puedan confiar. En Tamaulipas, señala, "la realidad se vive en dos planos: uno es el oficial, en el que se asegura que la violencia ha bajado, y el otro, el cotidiano, en el que se vive con temor, bajo el hostigamiento y presencia constantes de la delincuencia en los más diversos giros". La gran mayoría de las víctimas, dice, prefieren no denunciar porque temen que "les vaya peor", mientras que en pláticas de café "se habla en voz baja y mirando hacia los lados" de los levantones, las golpizas, los asesinatos o las balaceras que los medios de comunicación y autoridades callan. Un caso reciente que ejemplifica esto, cuenta, ocurrió el 20 de enero de 2009, cuando habitantes de la colonia Mainero de Ciudad Victoria pudieron atestiguar la ejecución de una joven mujer a la que asestaron al menos 18 balazos. Al día siguiente, la policía aseguró que se había tratado de un intento de robo. "Ante cosas como esas, de las que hay muchos testigos, a los ciudadanos les queda claro que no se puede confiar en las autoridades. Por eso prefieren callar", expone. Los operativos militares, que en la zona centro y sur de Tamaulipas tienen ya más de dos años, continúa Alcalá, sólo han servido para agregar otro factor de tensión u otra fuente de abusos contra la ciudadanía, mientras que las estructuras de los grupos criminales siguen en operación.

Sin embargo, el empresario Jorge Pensado Robles, ex dirigente de la Coparmex, afirma que, según encuestas que ha realizado, más de 80 por ciento de la población está a favor de la presencia militar, aunque las detenciones de algunos de los principales "capos" no ha significado que la gente se sienta libre de amenazas. Sí se han "aplacado —puntualiza—, pero sabemos que ahí siguen; no nos sentimos libres para hablar, para denunciar, porque sabemos que en el fondo las cosas no han cambiado mucho". Admite que en esta entidad la sociedad se encuentra permeada por el narcotráfico. "Estamos tan mezclados y entremezclados, que vivir sometidos al temor y renunciar a derechos constitucionales, como el de la información, son ya un estilo de vida de los tamaulipecos". Existe un miedo generalizado de tocar "ciertos temas" por teléfono o celular, pues la mayoría de los ciudadanos está convencida de que "la maña", como se identifica a las bandas del crimen organizado, puede escuchar las conversaciones, refiere Pensado. "Los empresarios —los que no se han ido o han enviado a sus familias al extranjero— se manejan en bajo perfil, lo que significa cambiar el vehículo de lujo por uno más austero, evitar inversiones, procurar discreción en el manejo de operaciones financieras y contratar vigilancia", entre otras medidas. Asimismo, los jóvenes prefieren las reuniones en casas. Ya no van a los antros, y sus padres han colocado GPS a sus carros" señala el empresario. Alcalá apunta que muchos hombres de negocios, sobre todo de este puerto, han cambiado sus cuentas bancarias a instituciones del sur de Texas, a partir de una racha de secuestros que se suscitó en 2008 pero de la cual la Procuraduría General de Justicia del Estado de Tamaulipas (PGJET) tiene un mínimo registro. En cuanto a las personas que contratan a "la maña" para cobrar deudas o para evitar pagarlas, son en general pequeños, medianos y grandes empresarios que ofrecen cuotas al crimen organizado cuando inspectores de alguna dependencia pretenden cobrarles infracciones, cuando algún cliente tarda en pagar o cuando cierto acreedor los presiona para que cubran una deuda. Igualmente, se habla de casos de empresarios que han contratado a "la maña" para cumplir venganzas personales o para resolver litigios.

Los secuestros

JOSÉ, EMPRESARIO GASOLINERO de Tampico, fue secuestrado en 2008, lo que, se afirma, ocurrió a más de un centenar de empresarios en ese periodo. Por eso muchos hombres de negocios de este puerto se fueron al extranjero o sacaron del país a sus mujeres y niños, como lo hicieron los Fleishman, propietarios de Grupo Tampico, la primera franquicia que operó la Coca Cola en el país; los Grossman, del Grupo Continental; los Rodríguez, dueños de refaccionarias; los Lárraga, propietarios de una compañía de transporte de carga, y los Ramírez, de Gas Universal. Pero las estadísticas de la PGJET sólo registran ocho denuncias de secuestros en el puerto durante ese año. Las versiones que circulan es que los rescates que se pagaron fueron desde los 300 mil pesos hasta los 80 millones de pesos, y que con esta "campaña" el cártel del Golfo pretendió "recuperar" las pérdidas que tuvo con el decomiso de casi 12 toneladas de cocaína que se produjo en el puerto de Altamira el 5 de octubre de 2007, mismo día en que el presidente Felipe Calderón realizó una gira por la entidad.

La huida de empresarios o de sus familias llegó al punto de que la directora del exclusivo Colegio Americano tuvo que enviar un correo a los padres de familia en el que les pedía que "por favor" no se asustaran, pues "tan sólo" eran 11 las familias que habían sacado a sus hijos para huir de la ciudad por la violencia. Sin embargo, José refiere: "Al menos siete de mis amigos ya no están aquí. Algunos están radicando en San Antonio, otros en Houston o en McAllen, y hay algunos que van y vienen sólo para atender los negocios que tienen en este puerto". Él mismo, después de su secuestro, decidió comprar una casa en McAllen para mudarse si él y su familia vuelven a tener problemas con "los mañosos". Ahora está seguro de que su caso fue una confusión, pues desde que lo subieron a una camioneta le dijeron que, por sus negocios con el "guachicol", les tenía que pagar 8 millones de pesos, cuando él nada tenía que ver con ese producto. "Guachicol" le dicen a un aceite pesado que extraen de los ductos de Pemex y que venden a los gasolineros para que aumenten sus ganancias al mezclarlo con diesel. Antes de la llegada del cártel a la zona sur de la entidad, éste era negocio de algunos contrabandistas, pero ahora está en manos de "la maña". Finalmente, José no pagó los 8 millones que querían sus captores, pero sí le quitaron una camioneta, se llevaron un camión de carga, usaron grúas para apropiarse de tanques de almacenamiento que tenía en su negocio, levantaron a dos de sus empleados y hostigaron a varios de sus familiares.

Los otros negocios

ANTONIO, PROPIETARIO DE UN MINISÚPER al sur de Ciudad Victoria, reconoce que desde mediados de 2008 tiene a los de "la maña" como sus proveedores de pierna y muslo de pollo de Estados Unidos. "Nomás llegaron y me dijeron: 'De ahora en adelante nos vas a tener que comprar el pollo a nosotros'", cuenta. "Yo les respingué, porque estaba muy caro. Pero pues mejor ya no dije nada porque me advirtieron: 'Más vale que lo hagas, por tu salud, más te vale'". Otro empresario confirmó que muchos comercios de la capital del estado y de los municipios vecinos son obligados a comprar la pierna y el muslo que vende la delincuencia organizada. "Debe ser pollo de contrabando —comenta—, pero lo peor es que no se sabe qué control sanitario hay sobre ese producto."

Un comerciante, que se identifica como Arturo, afirma que paga mil 200 pesos como cuota semanal a los mafiosos para que le permitan instalar su puesto de CD piratas en la zona centro de la ciudad. "Es mucho dinero y a veces no sale. Lo único bueno es que si vienen los de la PGR, ellos me protegen", indica. Mauro había puesto un depósito de bebidas alcohólicas con el dinero que le pagaron como liquidación en la empresa donde trabajaba. Pero a unos meses de haber empezado a operar prefirió cerrarlo porque recibió la visita de supuestos *Zetas* que "trataron de convencerme de que me convenía vender droga".

En municipios como Tampico y Reynosa, los taxis piratas son considerados otro de los negocios del cártel. "Es fácil identificarlos porque circulan sin placas", explica una fuente militar. "Son carros que ellos compraron y que rentan a gente que necesita trabajo. A la vez, les sirven para reforzar la red de 'halcones' que los mantienen informados de todos los movimientos que hacen las fuerzas federales por la ciudad". Por ello, en cada una de las protestas que se realizan en contra de la presencia militar aparecen choferes de ese tipo de taxis. La misma fuente expone que otra de las actividades del crimen organizado es la "protección" de invasiones a predios urbanos. "Buscan tener una base social a la que puedan recurrir para las protestas. Por ello, en ciudades como Reynosa nos hemos dado cuenta de que son ellos los que están promoviendo algunas invasiones", precisa.

Las mil cabezas

En la zona centro y sur de Tamaulipas, la presencia del cártel del Golfo empezó a sentirse a partir de 2005, en los inicios del actual sexenio de Eugenio Hernández Flores. La plaza de Victoria fue sometida por Rogelio Díaz Cuéllar, *El Rojo*, mientras que en Tampico asumió el control Juan Carlos Cruz Reyna, alias *El JC*. "Cuando atraparon al *JC* [el 29 de agosto de 2007], todos aquí creímos que las cosas iban a cambiar, y sí, sí cambiaron, pero para mal, porque los que llegaron después fueron peores", comenta una fuente política de este puerto. A *El Rojo* lo detuvieron en abril de 2008, y el comentario fue generalizado entre los victorenses: "¡Qué bueno, con esto se van a aplacar!" Pero, para sorpresa de todos, pocas semanas después el jefe de la plaza fue trasladado de la Ciudad de México al penal de la capital del estado. "Hasta fiesta de bienvenida le hicieron", comenta un empleado del reclusorio, y agrega que recibió múltiples visitas de "funcionarios y empresarios amigos".

Los victorenses interpretaron tales hechos como una prueba de la falta de seriedad de los operativos federales. "Fue algo inentendible, que despertó aún más temor y desconfianza", expuso el político, quien pidió también no ser identificado. Finalmente fue transferido "de éste a otro penal", cuenta la fuente del reclusorio, y remata: "Sí, se lo llevaron, pero pronto llegó el reemplazo para asumir la jefatura de la plaza".

VENGANZA CIUDADANA

JOSÉ GIL OLMOS

TIJUANA ES PROTOTIPO de cómo el narcotráfico ha trastornado la vida de muchas ciudades mexicanas: sus calles son escenario cotidiano de homicidios, ajustes de cuentas entre bandas del crimen organizado y secuestros sin fin. Aunque la parte Este de esta ciudad es conocida como "zona caliente" porque en sus colonias populares hay muertos, heridos o desaparecidos casi todos los días por acciones del narcotráfico, la violencia se ha extendido a toda el área urbana, al punto de que en algunos sectores, sobre todo entre comerciantes y empresarios, crece la idea de formar comandos de "guardias blancas" para enfrentar a las bandas criminales. La incapacidad de los gobiernos municipal, estatal y federal para garantizar la seguridad pública en Tijuana —mil 222 asesinatos en 2008 y, en dos años, más de 400 secuestros y desapariciones— reavivó la propuesta de que unos cien hombres jóvenes fuertemente armados formen un "comando blanco" que podría ser pagado por empresarios. Esta iniciativa, señala Alberto Capella, ex secretario de Seguridad Pública de la ciudad, no es nueva ni extraña porque ya operan "comandos blancos" en Nuevo León, Chihuahua, Coahuila, Estado de México y el Distrito Federal. De hecho, otras fuentes afirman que en la Ciudad de México la comunidad judía ya contrató los servicios de un grupo antisecuestros que dispone de autos blindados y tecnología de punta para dar protección a sus familias, y que de ello fue enterado el presidente Felipe Calderón, a quien le pidieron simplemente su aval.

Debido a la gran cantidad de muertes violentas y secuestros que se están produciendo en Tijuana, en el último lustro unas mil familias pudientes de la localidad han cambiado su lugar de residencia a San Diego, California, donde recientemente se enteraron de que los jefes policiacos de algunas zonas recibían hasta 20 mil dólares semanales del narco para su protección y que numerosos agentes judiciales participaban en las 39 bandas de secuestradores que fueron desarticuladas en 2008. En 2008, de los 10 mil delitos cometidos en Baja California, la mitad se perpetraron en Tijuana, donde hubo también más de cien secuestros y, sólo por los ajustes de cuentas entre las bandas de los Arellano y de Teodoro Simental, alias *El Teo*, 695 asesinatos. Un supuesto acuerdo entre las bandas hizo disminuir las acciones armadas, pero la ejecución, en enero de 2009, del empresario Rafael Fimbres Hernández, socio de la cadena de tiendas Calimax —una de las más importantes del estado—, reafirmó la idea de integrar un grupo de "guardias blancas" parecido al que se formó en Colombia en la década de los noventa. Ese equipo, conocido como *Los Pepes* (acrónimo de Perseguidos por Pablo Escobar), era financiado por enemigos de

Escobar, principalmente por el cártel de Cali, así como por empresarios y el gobierno de Estados Unidos, según expedientes desclasificados en Washington. Una vez que Pablo Escobar fue asesinado en 1993, algunos de sus integrantes, como Carlos Castaño, se convirtieron en líderes de los grupos paramilitares que posteriormente formarían las Autodefensas Unidas de Colombia.

Aunque Alberto Capella reconoce que, al igual que en Colombia, existe el riesgo de que el "comando blanco" de Tijuana derive en la integración de grupos paramilitares, subraya que "*Los Pepes* fueron los que finalmente lograron arrebatar al narco el poder del terror". Y argumenta: "Creo que son ideas interesantes que pudieran surgir porque lo que los narcotraficantes han hecho es precisamente eso: formar a 'comandos negros'. Además, ¿cuál es el grupo más violento de narcotráfico en el país? ¡Pues *Los Zetas*!, que es un conjunto paramilitar, formado por ex integrantes del Ejército". La idea, precisa, es realizar una "acción espejo". Es decir, enfrentar a los "comandos negros" del narcotráfico con los "comandos blancos" subvencionados por empresarios pero avalados por el gobierno. Explica: "Si un grupo criminal tiene hombres organizados y a cada uno de ellos se les paga 300 o 400 dólares a la semana para que sean sicarios, ¿por qué nosotros no hacemos lo mismo, pero con el ánimo de defender a la gente buena? Claro que estaríamos sobre una línea muy delgada de la legalidad; por eso es difícil hacerlo; por eso tiene que haber un acompañamiento institucional, y éste lo debe encabezar el gobierno del estado y no un grupo de personas, aunque sean poderosas económicamente. Enfático, remata: "Los esquemas con los que se está luchando no son suficientes. Creo que hay que explorar otros porque México ya se jugó su carta más fuerte con el Ejército. El siguiente nivel al que podemos llegar es a lo que ocurrió en Colombia: el narcoterrorismo y la integración de jóvenes a las filas de los cárteles. Eso es lo que ahora estamos viendo en Tijuana: chamacos de 17 o 18 años haciendo filas para ser parte de los cárteles. En las calles hay jóvenes que quieren ser sicarios o vendedores de droga; muchos de ellos quieren imitar a los narcotraficantes, tener éxito, dinero, mujeres. A algunos los conocimos como los *narcojuniors*, quienes, pese a no tener problemas económicos, andaban con narcotraficantes poderosos porque eso les daba cierto *glamour*, les daba poder".

Sumados a la moda juvenil de imitar a los sicarios en Tijuana, algunos de estos jóvenes portan pequeñas bolsas cruzadas en el pecho o debajo de los brazos donde ocultan sus armas —que sacan y usan a la menor provocación—, y así asisten a las fiestas populares que se organizan en terrenos baldíos y que se conocen como "clamatos". Alberto Capella recuerda que desde 1995, cuando empezó a participar en las movilizaciones ciudadanas en contra de la inseguridad, se encontró con la idea de formar las "guardias blancas". "Se escuchaba que en Nuevo León, después de la muerte de Eugenio Garza en 1973, los empresarios formaron 'guardias blancas', con asesoría de Israel, pero de eso no se tiene constancia. Lo que sí sé es que en Sinaloa, entre 2002 y 2004, durante el gobierno de Juan S. Millán, se creó un grupo antisecuestros con cien elementos que realizaron una limpia impresionante. Este grupo logró abatir el secuestro. Hay otro antecedente: En 1993, se formó en Chihuahua un grupo antisecuestros y consiguió abatir los casos de 13 plagios al mes a sólo dos."

Entrevistado en medio de extremas precauciones, pues no puede quedarse más de una hora en un solo sitio ante la posibilidad de un atentado como el que le ocurrió a finales de 2007 en su casa, Capella advierte que en Tijuana existe desesperación y comenta que, al sondear posibles soluciones, la propuesta principal fue crear "guardias blancas". Sin embargo, apunta, esta iniciativa no se ha materializado porque debe contar con un sostén institucional y no ha habido respuesta positiva del gobierno del estado. "Muchos empresarios que no quisieron meterse en broncas se fueron a vivir a San Diego. Además, el gobierno no ha dado respuesta a esa iniciativa. Pero creo que esto puede darse en Tijuana en algún momento si las cosas no cambian. El homicidio de Rafael Fimbres Hernández ha despertado nuevamente esos comentarios. Básicamente de lo que se trata, como en una guerra, es de generar una estrategia de espejo: hacer exactamente lo que el enemigo hace."

La avenida Revolución

EN LA DÉCADA DE LOS NOVENTA caminar por la avenida Revolución de Tijuana era todo un espectáculo. Numerosos turistas estadounidenses sobre todo —aunque también nacionales y de otros países— transitaban sin miedo ante las tiendas de artesanías, restaurantes, bares, cantinas y prostíbulos que lucían atiborrados de día y de noche en una etapa en que, según datos extraoficiales, llegaron a registrarse unos 19 millones de visitantes, por lo que esa vía se convirtió en la avenida más transitada del mundo. Conforme se aproximaba el año 2000, la presencia del cártel de los Arellano Félix comenzó a ahuyentar al turismo y el número de paseantes bajó a la mitad. El declive creció año con año, y en 2009 la avenida Revolución se ve casi desierta, con escasos turistas y adictos a las drogas duras que deambulan de una acera a otra.

Ante el fenómeno, el Comité Empresarial y Turístico Mexicano impulsa un programa urgente de rescate de esta avenida, pues en 2008 apenas la recorrieron unos 500 mil turistas y han cerrado la mitad de los 600 negocios que albergaba. "Los medios de comunicación nacionales y estadounidenses son responsables de esto", se queja el presidente del Comité Empresarial, Jack Doron Goldwasser, ya que, a su juicio, la principal calle de Tijuana ha sido juzgada como una zona de alta violencia por una falsa apreciación, y confía en que eso cambiará aclarando al visitante que dicho fenómeno sólo se presenta en la zona Este de la ciudad. Pero no todos piensan igual. Víctor Clark, director del Centro Binacional de Derechos Humanos, señala que la violencia se ha extendido a toda la ciudad, lo cual se debe, explica, a que los cárteles del narco han cambiado sus formas de operar y ahora se mueven en pequeños grupos por todos lados y se enfrentan entre sí. "He preguntado a policías y a gente del bajo mundo cuántas personas integran el crimen organizado, y la cifra es increíble: los cálculos van de mil 500 a 3 mil miembros de células que se mueven independientemente por toda la ciudad. Además, este ejército va a crecer, porque 30 por ciento de los deportados de Estados Unidos que se quedan en Tijuana sin trabajo y sin familia pueden convertirse en la reserva de mano de obra del crimen organizado", anticipa el sociólogo.

Otro problema es que se ha producido un fuerte incremento de adictos y de las famosas "tienditas" en toda el área urbana. De acuerdo con un estudio de campo realizado por el propio Clark, existen alrededor de 200 mil adictos en Tijuana, 85 por ciento de los cuales consumen drogas sintéticas a razón de tres a cinco dosis al día, a un precio de 75 a 100 pesos cada una. Asimismo, mientras en 2004 se contabilizaban alrededor de 4 mil 500 "tienditas" y "picaderos" en la ciudad, datos de la policía y de pequeños narcotraficantes estiman que en la actualidad operan entre 15 mil y 20 mil "narcotienditas" y "picaderos". Pero eso no es todo. En Tijuana, asevera Clark, hay otra guerra, que se da a nivel político y financiero, entre personajes que pelean la plaza, la cual vale millones de dólares por su situación estratégica. "En la otra guerra a la que me refiero participan el poder político y financiero. Sus protagonistas no se matan en las calles. Son los delincuentes de cuello blanco. Se trata de un proceso de reacomodo en el mundo financiero que es, finalmente, el que disfruta de las ganancias del negocio de las drogas", precisa. En la disputa se encuentra igualmente el mercado regional de las drogas sintéticas, que se refleja en la proliferación de las farmacias: aunque la ciudad sólo requiere de unas 400 de ellas, en el año 2008 llegaron a mil 400 —muchas ubicadas en la avenida Revolución— porque allí los narcos obtienen materias primas para producir algunas drogas.

Los desaparecidos

LOS MESES QUE CORRIERON de agosto a diciembre de 2007 conmocionaron a Tijuana, cuando hombres vestidos de negro con armas de asalto bajaban de camionetas con vidrios polarizados para "levantar", en varios puntos de la ciudad, a muchas decenas de personas por las que no pedían rescate y solamente desaparecían. Según las autoridades municipales, buena parte de los desaparecidos tenían negocios con alguno de los cárteles y fueron víctimas de los ajustes de cuentas entre ellos, aunque sus familias lo niegan y exigen investigar a fondo su paradero.

La Asociación Ciudadana contra la Impunidad, formada en octubre de 2008, ha canalizado las denuncias de 250 familias que tienen miembros desaparecidos, y cada día llegan parientes de otros plagiados al local. En las paredes del lugar se observan las fotografías de gran cantidad de ellos que, para la policía tijuanense, constituyen "archivos cerrados". Silvia María Hudges de Escobar cuenta que la madrugada del 18 de agosto de 2007 varios sujetos vestidos de negro y con pasamontañas sacaron a su esposo Javier Escobar de su casa en Playas de Tijuana. "No pasa nada, no te asustes", fue lo último que le dijo su marido, y recuerda: "A mis dos hijas y a mí nos pusieron contra la pared, nos pidieron que contáramos hasta cien y se fueron. Desde entonces no sé nada de mi esposo, ni siquiera llamaron para pedir rescate". Ese mismo día, a los hermanos de Isabel Salcido, Javier y Ramón, los "levantaron" junto con otras cinco personas de su rancho La Vaquita, a las afueras de Tijuana. Por algunos vecinos, Isabel supo que 10 hombres vestidos de negro llegaron al lugar y se llevaron a quienes se encontraban allí. Desde entonces acudió a todas las autoridades del gobierno estatal, fue con los militares e incluso tocó las puertas de Los Pinos en la Ciudad de México para pedir ayuda. Todo fue en vano: sus hermanos no han reaparecido. La detención de Santiago Meza López, *El Pozolero*, quien aceptó haber desaparecido al menos a 300 personas en tambos con ácido por órdenes del *Teo*, causó expectativas entre los parientes de los desaparecidos. Fernando Ocegueda Flores, padre del joven del mismo nombre que al parecer fue "levantado" en febrero de 2007, pide a las autoridades que muestren a *El Pozolero* las fotos de todos los desaparecidos para ver si reconoce a algunos como sus víctimas. Los familiares no abrigan tanto la esperanza de encontrarlos vivos como la de saber dónde quedaron sus cuerpos. Inclusive desean que se hagan pruebas de ADN a los restos localizados en la guarida de *El Pozolero*.

No lejos de las oficinas de la asociación, en la escuela primaria Miguel Hidalgo, el maestro Rafael Olivera aún trata de aminorar el impacto psicológico que tuvieron sus alumnos de Sexto B cuando, el 7 de noviembre de 2008, se desarrolló junto al plantel una prolongada y encarnizada balacera entre policías y narcotraficantes mientras los niños permanecían encerrados en sus aulas. Días después se volvió a presentar un operativo en la misma zona de Río donde se ubica la escuela, y entonces los niños y padres de familia entraron en pánico y trataban de refugiarse en los salones. El director del plantel, Ricardo Laguna, afirma que los niños viven una psicosis constante y que ante cualquier ruido fuerte en la calle buscan esconderse. "No estamos preparados para una situación así. Nos dijeron que las autoridades educativas nos darían un manual, pero no hay nada que nos diga cómo reaccionar ante un tiroteo como el que vivimos", advierte. Una alumna del maestro Olivera le contó que un día antes se había asustado mucho cuando su madre gritó al ver por televisión que en la colonia donde viven, por el rumbo de la presa, habían hallado a dos decapitados. Y otro maestro, de preparatoria, refiere que hace poco se acercó a un grupo de alumnos que se arremolinaban para ver el video que uno de ellos mostraba en su teléfono. Se trataba de la grabación de una ejecución realizada por un sicario. El profesor —quien pidió reservar su identidad— dice que, al ver aquellas imágenes, pensó en presentar una denuncia del hecho ante las autoridades, pero no lo hizo porque otro alumno le confió que el joven estudiante que mostraba el video era hijo de un miembro del crimen organizado…

VERACRUZ

EL PACTO QUE APACIGUÓ EL ESTADO

REGINA MARTÍNEZ

El gobernador de Veracruz, Fidel Herrera Beltrán, niega que grupos de narcotraficantes operen en la entidad, pero los hechos lo desmienten. Reporteros especializados en nota roja aseguran que los sicarios los tienen bien identificados; incluso, dicen, les avisan cuando va a haber "fiesta" —alguna ejecución— y les advierten que no tienen nada contra el gremio, pero les piden que no mencionen los nombres de ningún grupo. Desde 2008, Xalapa y ciudades como el puerto de Veracruz, Orizaba, Córdoba y otras localidades del sur del estado, como Coatzacoalcos, se convirtieron en un refugio para familiares de algunos jefes de los grupos de la delincuencia organizada. Ellos mismos las denominaban "Tierra Santa", cuando la agitación causada por el hampa en Veracruz durante los primeros tres años de gobierno de Fidel Herrera Beltrán disminuyó (hasta mediados de 2009), aunque hoy la entidad revive la ola de violencia. Si bien la cruzada del gobierno federal provocó que los capos de Tijuana, Ciudad Juárez, Reynosa, Monterrey y Guadalajara trasladaran a sus familias a ciudades de Veracruz para salvarlas de los embates del Ejército y agentes de la Secretaría de Seguridad Pública federal (SSP), en este estado el gobernador logró controlar la violencia por un tiempo "mediante un pacto con las mafias", asegura a esta corresponsal una fuente policiaca que pide mantener bajo resguardo su nombre por temor a represalias.

El entrevistado sostiene que cárteles de la droga como el de Tijuana "se refieren a Xalapa como Tierra Santa". Su argumento, dice, es que aquí no pueden actuar, ni provocar enfrentamientos entre ellos. "Hay un respeto y saben que si rompen ese pacto sus familias ya no tendrán seguridad en Veracruz". Esa versión fue confirmada por el legislador panista Gregorio Barradas Miravete, de la Comisión de Seguridad Pública en la Cámara de Diputados federal. Según él, aun cuando muchos gobernadores priistas no están coludidos con los cárteles de la droga, "hay un acuerdo tácito de no molestarlos, de ahí su pasividad para apoyar la guerra que tiene el gobierno federal contra la delincuencia organizada".

Diputado por el distrito de Acayucan, al sur de Veracruz, Barradas Miravete se queja porque, arguye, los gobernadores de extracción priista dejaron solo al presidente Felipe Calderón en su lucha contra el narcotráfico. E insiste: "Ellos tienen acuerdos tácitos con los delincuentes". Y subraya que sólo así se explica "la arenga del presidente del Senado, Manlio Fabio Beltrones, quien presume que durante los regímenes priistas no sucedía lo que hoy pasa en materia de seguridad en el país". Barradas Miravete señala que cuando el PRI estuvo en Los Pinos no pasaba nada debido a que había un acuerdo con los cárteles del narcotráfico. Pero, agrega, "eso se terminó a nivel federal con la llegada de Felipe Calderón, el primer presidente en la historia actual de México que llega al cargo sin recursos del narco".

Ahora, dice el legislador panista, la negativa de los gobernadores del PRI para apoyar los operativos contra la delincuencia "se refleja en la resistencia para depurar las corporaciones policiacas en sus entidades, pues para nadie es un secreto que se dedican más a cuidar a los malos que a los buenos". El 6 de marzo de 2009, el diputado federal por Tamaulipas, el también panista Luis Alonso Mejía García, declaró que al menos ocho gobernadores del PRI estarían ligados al narcotráfico, entre ellos el tamaulipeco Eugenio Hernández Flores. Mejía García dijo en esa ocasión: en Tamaulipas ya no gobierna Eugenio Hernández, sino los delincuentes; "son ellos los que colocan secretarios, directores y hasta al procurador". El legislador tamaulipeco se negó a mencionar a los otros siete mandatarios priistas supuestamente ligados al narcotráfico.

Un priista solidario

Y AUN CUANDO NO SE REFIRIÓ a Herrera Beltrán, el mandatario veracruzano se deslindó de los señalamientos de los legisladores panistas. El 10 de marzo, durante una ceremonia en la que entregó 80 patrullas a las corporaciones policiacas estatales, declaró que toda la fuerza del estado de Veracruz "se puso de inmediato del lado del presidente Felipe Calderón en la lucha contra el narcotráfico y las cadenas del crimen". Y se lanzó contra sus detractores: "Ante campañas de descrédito que utiliza la lucha contra el narcotráfico como estrategia de propaganda política, tenemos que levantar la voz. No aceptan los mexicanos que bajo el pretexto de arrojar culpas con carácter partidario se hagan imputaciones infundadas que están lejos de ser".

Continúa: "Nuestro convencimiento y antídoto para detener a quienes tratan de enlodar para sacar rentabilidad electoral es fortalecer la estrategia que tiene que ver directamente con quien encabeza nuestra lucha en el combate al narcotráfico, a quien agradecemos su apoyo y solidaridad en esta y otras causas de respaldo a la sociedad".

Pese al apoyo solidario de Herrera Beltrán al gobierno federal, la presencia del narcotráfico se ha incrementado en la entidad. En junio de 2008, aparecieron mantas en ciudades como Xalapa, Veracruz, Córdoba, Orizaba, Coatzacoalcos y Acayucan atribuidas a *Los Zetas* en las que se exigía la salida del Ejército de tierras veracruzanas. El 5 y el 8 de diciembre de 2008, se colocaron otras mantas sin firma cuyos mensajes iban dirigidos al presidente Felipe Calderón. En ellos se acusaba al titular de la SSP, Genaro García Luna, de ser el "narcotraficante más poderoso del país" y de ser el protector del cártel de Sinaloa. Decían los textos: "Narcotraficantes como Mario Zambada y *El Chapo*, *Nacho* Coronel Valencia y los que se hacen llamar *La Familia* gozan de protección de García Luna, porque mientras ellos sigan en la PFP todo seguirá igual, estamos seguros que los mandos internos que están poniendo bajo las órdenes de García Luna son narcopolicías al servicio del cártel de Sinaloa".

Y a mediados de febrero de 2009, un centenar de "ciudadanos veracruzanos inconformes" se sumaron a una jornada de protesta realizada en varias entidades para exigir la salida del Ejército y para detener "los abusos contra la ciudadanía". Los manifestantes colocaron pancartas en las casetas de las autopistas estatales Córdoba-Fortín, Poza Rica-Tuxpan, Acayucan-Cosoleacaque, Veracruz-Xalapa y Veracruz-Cardel con leyendas en las que acusaban a los soldados de "intimidar y causar terror a la población", incluso bloquearon autopistas federales y carreteras locales. En esa ocasión, los cuerpos policiacos no actuaron contra ellos, como sí lo hicieron en enero de 2009 contra los campesinos de Minatitlán que fueron desalojados con violencia cuando bloquearon una carretera local para exigir atención a sus demandas. El secretario de Seguridad Pública estatal, el general Sergio López Esquer, intentó minimizar las protestas contra el Ejército y declaró que en Veracruz no hay factores de riesgo como en Chihuahua y Michoacán. Sin embargo, el funcionario, quien asumió el cargo el 1 de julio de 2008, admitió la desaparición de cuatro comandantes de la Policía Estatal en los últimos meses, pero se negó a proporcionar sus nombres. Sólo dijo que no se puede hablar "de una acción del crimen organizado", pues "no hay indicios que permitan dar una conclusión sobre el móvil". Los agentes aún no aparecen.

Casi un año después fue levantado el administrador de la Aduana Marítima de Veracruz, Francisco Serrano Aramoni. Un día después, tras un aparente accidente carretero en Puente Morelos, en ese puerto, las fuerzas federales, coordinadas por el Ejército, tomaron por asalto las instalaciones de la corporación municipal. En el operativo detuvieron a unos 50 agentes. La PGR mantiene bajo arraigo en el puerto a siete de ellos, incluido el director municipal de Tránsito, Héctor Peñafiel. El mismo martes 2 de junio, un presunto grupo de sicarios acribilló al subdelegado de la Secretaría de Seguridad Pública estatal en la región de Los Tuxtlas, al sur de Veracruz, Bernardo Dávila Ledesma, y a su escolta, Bernardino Garrido Flores. Los cuerpos de los agentes presentaban cuatro impactos de bala calibre 9 milímetros cada uno y tenían el tiro de gracia. Fueron localizados en el interior de la comandancia de Catemaco.

La detención de "El Java"

El 24 de diciembre de 2008, la Secretaría de la Defensa Nacional (Sedena) informó sobre la captura, en el puerto, de Javier Díaz Ramón, *El Java*, operador del cártel del Golfo en los estados de Quintana Roo, Tabasco y Veracruz. La dependencia informó que el detenido tenía nexos con Heriberto Lazcano, *El Z-14*, así como con Braulio Arellano Domínguez, *El Gonzo*, y con Jesús Rejón Aguilar, integrantes todos de ese grupo delictivo. La captura, realizada dos días antes, la hicieron elementos de la VI Región Militar, con sede en La Boticaria, Boca del Río, en cumplimiento de una orden de localización y presentación solicitada por la Subprocuraduría de Investigación Especializada en Delincuencia Organizada (SIEDO).

Según la Sedena, en marzo de 2007 se exhibió en una página en internet un video en el que se observa el momento en que gente del cártel de Sinaloa interroga a integrantes de la organización de Cárdenas Guillén, perteneciente al cártel del Golfo, uno de los cuales confesó que "el encargado de la plaza de Poza Rica era *El Java*". La fiscalía que llevó el caso confirmó poco después de la detención de *El Java* que éste era "una pieza clave" del cártel del Golfo y del grupo de sicarios *Los Zetas* en el estado de Veracruz. "Él era el encargado de las finanzas de esa organización criminal, incluso se encargaba del pago de la nómina de sus miembros y de vincular a la agrupación criminal con funcionarios públicos [de la entidad]", explicó.

Sin embargo, las autoridades estatales se han mostrado negligentes en otros casos que implican a sicarios de *Los Zetas* que operan en territorio veracruzano. Uno de ellos es la fuga de seis sicarios del penal Duport Ostión en Coatzacoalcos, en mayo de 2008. En esa ocasión, un comando penetró al reclusorio y liberó a sus compañeros. Ninguna autoridad los enfrentó. Los sicarios habían sido arrestados en marzo de 2007 durante un enfrentamiento con policías cuando pretendían secuestrar a un empresario.

Interrogado sobre esos sucesos, el entonces director de reclusorios del estado, Ceferino Tejeda, comentó que los integrantes del comando iban vestidos con uniformes de la Agencia Federal de Investigación (AFI) y presentaron a los custodios documentación falsa que avalaba el traslado de los presuntos sicarios a la Ciudad de México.

Aunque el gobernador Herrera Beltrán lo niega, lo cierto es que la delincuencia organizada infiltró las corporaciones policiacas del estado. Hay testimonios de agentes que aseguran que sus jefes los amenazaron de muerte por negarse a colaborar con los narcotraficantes. Así lo aseguró en 2008 el presidente de la Comisión de Procuración de Justicia del Congreso local, Sergio Vaca Betancourt. En vísperas de la llegada de López Esquer a la SSP estatal, el legislador declaró: "Policías uniformados de Xalapa y del puerto de Veracruz me han dicho que sí hay compañeros de ellos que colaboran con narcotraficantes. Les dicen: '¿Te quieres ganar 10 mil pesos mensuales?... Ya sabemos dónde vives, quiénes son tus hijos, quién es tu familia'". Vaca Betancourt también expuso que los jefes policiacos han llegado a recoger las armas largas a sus subalternos para que no se enfrenten con los narcotraficantes, "lo cual es terrible porque ellos mismos [los uniformados] me han dicho que conocen a los delincuentes".

Las intimidaciones también alcanzan a los reporteros que cubren la fuente policiaca. Ellos se consideran "la parte más vulnerable de la información en este estado al ser reprimidos, amenazados y acosados por la mafia". Entrevistado al respecto, un reportero refiere: "Ellos me dijeron: 'No te metas con nosotros y nosotros no nos metemos contigo'. Preferí callarme para no exponer a mi esposa y a mis hijos". Otro explica: "Se nos ha acercado gente que dice ser de *Los Zetas*, de *La Familia*, de *La Compañía*... de todos los grupos. Su mensaje siempre es el mismo: 'No te metas con nosotros para no meternos con ustedes'".

—¿Cómo se dio ese acercamiento? —pregunta la reportera a uno de los periodistas.

—Simplemente se dio... Cuando había algún ejecutado unos sujetos se nos acercaban y nos advertían: "No publiques nada de esto; no publiques el nombre de la organización. *Los Zetas* aquí no existen; los de *La Compañía* no existen; los de *La Familia* no existen. Nada..." —Y añade—: Los miembros de dichas organizaciones delictivas insisten en que no tienen nada contra los periodistas ni contra el pueblo. Incluso aseguran que su negocio es la droga y que los pleitos son entre ellos, entre las mafias. Nos advierten que si no nos metemos con ellos nos vamos a llevar muy bien.

Los mismos mafiosos, afirman los reporteros, les recomiendan poner logotipos del medio en que trabajan en sus vehículos particulares para identificarlos. Relatan que también les han ofrecido apoyos económicos y explican que, cuando algún colega publica el nombre de una organización como responsable de un asesinato, es golpeado o levantado.

Como se dijo antes, tal es la intimidación de los narcos que, cuando va a pasar algo, informan a los reporteros sobre el lugar donde va a haber "fiesta". Algunas veces, cuando les interesa que el hecho se conozca, les dicen que lleguen más tarde. Nadie sabe cómo localizan sus números telefónicos. "Tenemos que ser precavidos", dicen los reporteros. No hay que olvidar que Xalapa se ha convertido en el lugar de refugio de las familias de los capos de los principales cárteles de la droga del país.

EL INTOCABLE

JENARO VILLAMIL

En diciembre de 2007, Antonio José Patrón Laviada acudió a las oficinas del consulado de Estados Unidos en Mérida para renovar su visa, pero no pudo realizar el trámite. El personal de la legación le dijo que no podía entrar al país vecino pues tanto él como su hermano Alejandro, alias *La Vaca*, y la cónyuge de éste, Pilar Cervera, hija del ex gobernador Víctor Cervera Pacheco, también estaban implicados en una red de narcotráfico. Al mes siguiente, la agencia antidrogas estadounidense (DEA, por sus siglas en inglés) elaboró un reporte en el que corroboraba esa versión y mencionaba que la información era resultado de la Operación Caballero Andante; en octubre de 2008 la filtró al diario *El Universal*.

Según el documento, *La Vaca*, hermano de Patricio Patrón Laviada, ex gobernador panista y titular de la Procuraduría Federal de Defensa del Medio Ambiente (Profepa) en la administración de Calderón, era investigado desde hace años por presuntos vínculos con Ignacio *Nacho* Coronel, el responsable de la red de narcotráfico del cártel de Ciudad Juárez en la península de Yucatán. El apellido Patrón Laviada aparece junto con los nombres de Delmer Toribio Mena Sosa, *El Toro Mayor*; Daniel Carrillo Espinosa, *El Puma*, y un individuo identificado como *El Primo*. Todos ellos, señala el documento, forman parte del grupo que participó en el tráfico de cocaína y metanfetaminas hacia Estados Unidos. Asimismo, menciona una "casa de seguridad" de *Nacho* Coronel, ubicada a tres kilómetros de la hacienda Poxilá, perteneciente a la familia Patrón Cervera. La propiedad es parte de las decenas de viejos cascos que Roberto Hernández, ex accionista de Banamex, adquirió a principios de los noventa en Yucatán, Campeche y Quintana Roo.

Desde la década pasada, en Yucatán se conoce el vínculo entre *La Vaca* y el ex banquero. A finales de los noventa, por ejemplo, se identificó a Alejandro Patrón Laviada como el principal intermediario de Roberto Hernández en la adquisición y remodelamiento de viejos cascos de hacienda como San José, Temozón y Santa Rosa, en Yucatán, así como Uayamón y el hotel Puerta Campeche, en Campeche. Alejandro Patrón Laviada fue denunciado por primera vez por el periódico local *Por Esto!* en 2004 como el representante del Grupo Plan, propiedad de Roberto Hernández, que realizó el proyecto Temozón Golf Resort en el municipio de Abalá. Según el rotativo, ambos se apropiaron de mil 500 hectáreas de tierras ejidales de San Felipe Viejo y de X'tojil. A los primeros les pagaron 10 centavos por metro cuadrado; a los segundos 50 centavos.

El nombre de Roberto Hernández fue citado por primera vez en la lista de banqueros investigados por la DEA en 1998 con motivo de la Operación Casablanca, en la que se le implicaba con las redes de lavado de dinero en México relacionadas con el narcotráfico. El periodista Al Giordano, de *The Boston Phoenix*, publicó un reportaje sobre ese asunto en 1999 en el que mencionaba los nexos del ex banquero con el narcotráfico y la adquisición de haciendas y casonas viejas en la península de Yucatán.

Giordano destacó: Roberto Hernández posee "más de 60 kilómetros de costas en el llamado 'triángulo de la cocaína', que es la ruta por donde ingresa a territorio mexicano alrededor de 70 por ciento de la droga procedente de Colombia". Asimismo, advirtió que lo nuevo no eran las investigaciones o denuncias contra Hernández, también exponía que el ex banquero había sido anfitrión del presidente de Estados Unidos Bill Clinton. Esa información motivó que el aludido presentara una demanda por difamación ante el Tribunal Superior de Justicia de Nueva York. En diciembre de 2001, éste falló en favor del reportero de *The Boston Phoenix*.

Pese a ello, el ex banquero siguió siendo anfitrión de mandatarios como el estadounidense George W. Bush y el francés Nicolas Sarkozy, quien durante su visita a México, realizada en marzo de 2009, se alojó en el complejo hotelero Los Tamarindos, propiedad de Roberto Hernández. En esa ocasión, medios franceses recordaron los presuntos vínculos del millonario banquero con el narcotráfico y citaron el trabajo de Giordano; incluso *Rue89*, una publicación digital gala, entrevistó al reportero estadounidense, quien confirmó la información. Y el vespertino *Le Monde* revivió el caso publicado una década antes por el periodista de *The Boston Phoenix*.

Hermetismo en la PGR

A PARTIR DE LA DIFUSIÓN del documento de la DEA en octubre de 2008, en el que se mencionan las andanzas de *La Vaca*, promotor también de Amigos de Fox en la península y operador electoral durante los comicios de 2007 en Yucatán, la PGR no ha informado sobre esas investigaciones. Fuentes de la Procuraduría General de la República (PGR) consultadas por este reportero a principios de 2009 aseguran que la delegación de Yucatán elaboró un expediente sobre las investigaciones que se le siguen a Alejandro Patrón Laviada y a otros personajes por presuntos delitos como lavado de dinero y desfalcos al erario estatal. La investigación incluye a gente cercana al ex gobernador Patricio Patrón Laviada, como José Carlos Guzmán Alcocer, alias *El Teclas*, quien fue detenido el 13 de noviembre de 2007, acusado de peculado y robo calificado por un monto superior a 506 millones de pesos. Sin embargo, la PGR se muestra hermética y hasta la fecha no ha actuado contra Alejandro Patrón Laviada.

Días después de que se difundió la información sobre la Operación Caballero Andante a principios de octubre de 2008, en la que señala a Alejandro Patrón Laviada, hermano del ex gobernador y corredor inmobiliario de Roberto Hernández, de tener nexos con una red de narcotraficantes, el aludido envió una carta a *El Universal* para decir que desconocía si la DEA tenía un informe de esta naturaleza. "En caso de que algo existiera", escribió, "es absolutamente falso". Y argumentó que durante el gobierno de su hermano (Patricio), el presidente de Estados Unidos George W. Bush visitó Yucatán para firmar la Iniciativa Mérida de combate al narcotráfico. Incluso cuestionó: "¿Vendría el presidente de un país vecino, donde su anfitrión es hermano de un narcotraficante?" Esa misma pregunta la hizo el reportero de *The Boston Phoenix*, Al Giordano, al reprochar que tanto Bill Clinton como Bush y Sarkozy se hubieran hospedado en haciendas y hoteles cuyo propietario es Roberto Hernández.

Consultado sobre ese asunto, el diputado priista Felipe Cervera Hernández, hermano de Pilar, la esposa de *La Vaca*, afirmó que él sólo mete las manos al fuego por ella. El 8 de octubre de 2008, Felipe Cervera declaró a los medios locales: "Soy muy respetuoso de las leyes y éste es un asunto que tendrá que responder esa persona [Alejandro Patrón]". Otro legislador local, el panista Julio Garrido Rojas, admitió que esas acusaciones dañaban la imagen de su partido, sobre todo en términos electorales. Y no le faltó razón: en mayo de 2007 su partido perdió la gubernatura en Yucatán y la ex alcaldesa panista de Mérida, Ana Rosa Payán, renunció a su militancia en Acción Nacional y reprochó la existencia de "una mafia", de "un grupo compacto" encabezado por Patrón Laviada para apropiarse del gobierno en la entidad.

Ese mismo mes de octubre, el titular de la Secretaría del Medio Ambiente y Recursos Naturales (Semarnat), Juan Rafael Elvira Quesada, desvinculó a la dependencia de las acusaciones en contra del hermano del titular de la Profepa. "Es una situación totalmente ajena a la Secretaría de Medio Ambiente, no es un asunto ambiental, no es una esfera, no es una facultad de la secretaría", afirmó Elvira Quesada. Sin embargo, el procurador yucateco, José Alonso Guzmán Pacheco, admitió que "es verdaderamente grave y delicado que se vincule a personas de Yucatán con el narcotráfico en esos niveles y, sobre todo, a quien ha tenido el poder político en el estado". Y Jorge Carlos Montero, presidente de la Gran Comisión del Congreso local declaró: "La información es todo un escándalo, pero únicamente confirma lo que ya era un secreto a voces entre varios sectores de la población yucateca sobre las actividades ilícitas de Alejandro Patrón Laviada".

Las redes de complicidad

ALEJANDRO PATRÓN LAVIADA no es una pieza menor en el complejo entramado de las relaciones político-empresariales del PAN en la península. Él fue coordinador de Amigos de Fox en la campaña electoral de 2000. Seis años después, algunos de sus correligionarios lo acusaron de repartir despensas y dinero para favorecer a Felipe Calderón Hinojosa en la contienda interna del PAN por la candidatura presidencial de 2006. Alejandro Patrón Laviada es primo de Íñigo Laviada, cuñado de Roberto Hernández. A través de esta relación, *La Vaca* se convirtió en el principal representante y comprador de las casi 60 haciendas que el ex banquero tiene en la península.

En diciembre de 2004, Alejandro contrató a la empresa Terra Internacional de Antonio Almazán Arteaga para la regularización de tierras y propiedades ejidales compradas a nombre de Roberto Hernández, según el ex diputado priista Carlos Ramírez Marín. Consultado por *Proceso*, Ramírez Marín, quien actualmente es presidente del Instituto de Capacitación y Desarrollo Político de su partido (Icadep), insiste en que hay una relación político-familiar entre Roberto Hernández y los Patrón Laviada, específicamente con Alejandro, quien es el intermediario del Grupo Plan para comprar viejos cascos de hacienda y convertirlos en hoteles. Entre las haciendas que se han adquirido con la intermediación de *La Vaca* están las de Chunchucmil, Santa Rosa, Granada, Paraíso, todas en el municipio yucateco de Maxcanú; Temozón, donde hospedó a George W. Bush, está en Uayalceh, municipio de Abalá; Tankuché, localizada en el municipio de Calkiní, aproximadamente en el kilómetro 23, al noroeste de Nunkiní, colindante con Campeche; Katanchel, en la carretera federal hacia Cancún, y Cheché de las Torres, en el municipio de Tixkokob.

Emulando al propio Hernández, quien se ha apropiado de más de 200 hectáreas de tierra en la reserva de la biosfera de Sian Ka'an, en Quintana Roo, y posee un exclusivo hotel en la paradisíaca Isla Pájaros, *La Vaca* también construye el hotel Mi Capricho Lacustre en la isla de Holbox, violando la Ley de Bienes Nacionales de Área Natural Protegida, según han denunciado hoteleros, grupos ambientalistas y habitantes de la isla Holbox.

La droga en la península

DE ACUERDO CON LA DEA Y LA PGR, entre 70 y 75 por ciento de la cocaína procedente de Colombia ingresa al territorio mexicano a través de la Península de Yucatán. El terreno plano de la zona, la ubicación estratégica de la costa yucateca, entre el mar Caribe y el Golfo de México, su cercanía con Miami, uno de los centros distribuidores de la droga en Estados Unidos, así como la facilidad de las rutas de transporte, han convertido a la península en una enorme pista de aterrizaje de las narcoavionetas. Las llamadas "pistas clandestinas" han proliferado por las tres entidades de la península. Otra característica clave para el florecimiento de los cárteles en la península es la existencia de cientos de ranchos y haciendas que funcionan como "casas de seguridad", así como el florecimiento de importantes zonas turísticas como Cancún, Cozumel, Tulum, Playa del Carmen y Mérida, que se han convertido en centros importantes de lavado de dinero.

En octubre de 2007, una avioneta cargada con 3.7 toneladas de cocaína pura y con destino a Cancún se estrelló en el municipio de Tixkokob, a 40 kilómetros de la capital yucateca. En noviembre de 2008, aterrizó una avioneta con 300 kilogramos de cocaína en Tzucacab. Las investigaciones en torno a esas avionetas revelan que los aterrizajes no sólo han servido para dejar droga, sino para que las aeronaves puedan ser reabastecidas de combustible. Pese a que desde hace una década medios locales y extranjeros, como *The Boston Phoenix*, han publicado información sobre los presuntos vínculos de Alejandro Patrón con una red de narcotraficantes, y aun cuando se le acusa de ilícitos cometidos en contra de ejidatarios en connivencia con el ex banquero Roberto Hernández, la PGR no ha actuado contra él.

EL DISIMULO

VERÓNICA ESPINOSA

SITUADO EN EL CRUCE de las carreteras federales 45 y 54, la plaza más "caliente" de Zacatecas, Fresnillo, es el punto en donde se han producido los más importantes descubrimientos de drogas en territorio zacatecano, particularmente en 2007 y 2008, cuando sólo dos aseguramientos sumaron más de 20 toneladas de mariguana. Por su ubicación estratégica para el narcotráfico, Fresnillo es también el lugar en donde han ocurrido los enfrentamientos más violentos entre *Los Zetas*, miembros del cártel de Sinaloa, corporaciones policiacas y efectivos del Ejército. Y es que en su paso por Zacatecas, la histórica "ruta de la plata" se ha convertido en la "ruta de la droga y de la muerte". De Tlaltenango a Villa de

Cos, de Loreto y Pinos a Jiménez del Teul y Chalchihuites, o de Monte Escobedo y Jerez hasta Melchor Ocampo, caminos y carreteras federales que confluyen en la capital del estado y en Fresnillo son frecuentes campos de batalla.

Durante la Colonia, estas vías eran codiciadas por bandoleros y asaltantes que esperaban el paso de las cargas de metales preciosos en la ruta Ciudad de México-Zacatecas-Nuevo México. Ahora se las disputan cruentamente las organizaciones de *Los Zetas*, de los Beltrán Leyva y de *El Chapo* Guzmán, quien hasta hace poco había mantenido a raya al resto de los grupos sin perder el control. No es para menos: La carretera federal 54 conecta al estado con Guadalajara, Torreón y Saltillo; la 45 lleva a San Luis Potosí, Distrito Federal y Ciudad Juárez, mientras que la 49 atraviesa la entidad para conectarse también con San Luis Potosí y Durango. Los sicarios se asientan en los pueblos que atraviesan las carreteras o en la zona serrana que esta entidad comparte con Durango, mientras alistan a jóvenes que, cuando no han emigrado, se mantienen sumidos en la pobreza y con escasas alternativas de sustento.

Si bien la principal causa de la migración es la falta de trabajo —que mantiene a Zacatecas con una tasa cero de crecimiento poblacional, según datos del INEGI—, otros motivos son ahora las extorsiones, los secuestros, las ejecuciones. Para el alcalde fresnillense, David Monreal, el reclutamiento de los jóvenes en las bandas del narco se debe a que "no cuentan con una alternativa de empleo, ocupación o distracción. Estas organizaciones las conforman en su gran mayoría —y así está demostrado— jóvenes de 20 a 35 años, mezclados con ex militares o ex policías, y su sistema es sorprendente porque los arman en poco tiempo y les dan autoridad". A su vez, el diputado local Félix Vázquez expresa: "Zacatecas es una región de tránsito por su situación geográfica. Todo mundo sabe que por aquí pasan los grandes cargamentos de droga, y eso a lo largo de los años ha empezado también a generar un mercado importante de consumo local". Continúa:

"De tanto pasar y pasar la droga, algo se queda; después de tantos años de ser una ruta importante, ante este creciente mercado comienzan las disputas entre los grupos".

Para el economista e investigador de la Universidad Autónoma de Zacatecas (UAZ) Francisco García Valerio, si bien esta ruta conecta con Estados Unidos y se ha convertido en un considerable depósito de armas, "se trata, asimismo, de un 'nicho de mercado' en materia de secuestros, extorsión y demás prácticas corrientes de la delincuencia organizada". El investigador advierte que, ante hechos como éstos, "los sectores más desprotegidos, los que se sientan más amenazados o han sido víctimas de la violencia, pueden decidir o deciden abandonar la entidad". Así ocurre, por ejemplo, en la cabecera municipal de Villanueva y en otras comunidades de la demarcación, como lo atestigua el secretario del ayuntamiento, Juan Vera Flores, quien afirma que, en 2007 y 2008, la población se redujo de 35 mil a 30 mil habitantes, después de una ola de secuestros y levantones de familias completas que empujó a los habitantes de la cabecera a bloquear en dos ocasiones el paso de la carretera 54 Guadalajara-Saltillo, que parte en dos a la ciudad, hasta que el Ejército instaló una Base de Operación Mixta permanente.

Una de las pocas familias víctimas de la ola de secuestros que, a pesar de todo, prefirió quedarse, es la de Roberto García, quien sigue vendiendo pollos en el mercado y al que se atribuye la voz de alerta que prácticamente despertó al poblado para reclamar seguridad. García —quien también tiene fama de prestamista— fue secuestrado a finales de 2008. Cuando sus dos hijos —un hombre y una mujer— fueron a pagar el rescate exigido por presuntos *Zetas*, sí liberaron a Roberto, pero se quedaron con sus hijos y lo obligaron a conseguir más dinero para dejarlos en libertad. Roberto hizo lo que pudo: contrató un sonido ambulante y recorrió las calles de la ciudad pidiendo a sus deudores que cubrieran sus pagos y ofreciendo terrenos y propiedades en venta, hasta que pudo reunir el rescate de sus hijos.

La situación llegó al grado de que la población exigió al Ejército desarmar a los policías preventivos porque ya no confiaba en ellos. Así estuvieron durante dos semanas de enero de 2009, mientras el Ejército vigilaba. Aunque, en efecto, fueron recogidas las armas de las autoridades civiles, finalmente se las devolvieron y no hubo investigación para verificar las sospechas ciudadanas, además de que el jefe policiaco del ayuntamiento fue ejecutado a balazos unos días después de los bloqueos, a principios de febrero, afuera de su domicilio. Ante esta violencia, un portal en internet que utilizan los migrantes zacatecanos para comunicarse con sus familiares señala: "Me da una gran tristeza porque a mí me tocó en carne propia que me secuestraran a mi padre de uno de estos ranchos de Villanueva. Sacamos el dinero de préstamos y hasta con cooperación de la gente vecina, que es humilde, pero queda una honda y amarga tristeza que no se imaginan".

El silencio

En la calle Toma de Zacatecas de la colonia Francisco Villa, en Fresnillo, los vecinos aprovechan la tarde calurosa para refrescarse a las puertas de sus casas, aunque lo hacen con reserva y miedo, mientras los niños juegan en la calle. A la altura del número 305, la cortina de una tienda cerró desde mediados de 2008, cuando se armó la balacera entre los grupos rivales: el que controlaba el narcomenudeo en el establecimiento —abastecido por el cártel de Sinaloa— y *Los Zetas,* que lo reclamaban para sí. Todas las fachadas de las casas de esta cuadra están recién encaladas y pintadas de blanco. Se trata de tapar en lo posible las huellas de los cientos de disparos de aquel enfrentamiento que, en junio de 2008, dejó como saldo tres muertos, entre ellos una mujer mayor y un niño de 13 años.

Ya desde principios de 2008, con la Base de Operación Mixta

(BOM), las incursiones de *Los Zetas* y la pugna con el cártel de Sinaloa recrudecieron la violencia. Elementos de la BOM fueron atacados en enero, cuando intentaban efectuar un cateo en una casa de la colonia Loma de Plateros. Ahí murió el sargento segundo Luis Alejandro Frutos Serna y dos soldados fueron heridos. Los sicarios habían utilizado como explosivos "salchichas" Tobex 100. El Ejército recuperó 11 armas largas, 58 cargadores y cerca de mil 200 cartuchos. Entre los detenidos había tres fresnillenses, así como otros sujetos originarios de Veracruz, Tamaulipas y Nuevo León. En marzo de 2009, el Ejército "reventó" una reunión de operadores del cártel del Golfo que se efectuaba en un salón de Fresnillo. En la refriega resultó herido el general Alejandro Saavedra Hernández, así como dos soldados. Al menos siete camionetas de lujo y numerosas armas fueron retenidas. Y el 9 de abril de 2009, Jueves Santo, quedaría claro que *Los Zetas* llegaron para quedarse: un comando se enfrentó con policías municipales de Fresnillo y agentes federales, en una balacera que se prolongó una hora. Ahí quedó el cadáver de Israel Nava Cortez, *El Ostión*, identificado por la Secretaría de Seguridad Pública Federal como jefe de *Los Zetas* en Oaxaca y como lugarteniente de Miguel Treviño, *El 40*, así como del propio Heriberto Lazcano, *El Lazca*. Además, Nava Cortez se encargaba del acopio, resguardo y mantenimiento de armas y explosivos utilizados por *Los Zetas*. Este alto mando del narco fue responsabilizado por la SSP de orquestar y dirigir, en febrero de 2007, los ataques a dos comandancias de policía en Acapulco, en los que murieron cuatro elementos policiacos, dos secretarias y un agente del Ministerio Público.

En el enfrentamiento del centro de Fresnillo resultó detenido Alfonso o Alfredo Serrano Silva, lugarteniente de *El Ostión* que cumplía con el control de autoridades locales mediante la cooptación, con el fin de dejar vía libre a las operaciones del cártel del Golfo, según informó la Procuraduría General de la República. No obstante, la PGR guardó silencio en torno a cuáles funcionarios mantuvo a raya el lugarteniente de Israel Nava. Mucho menos se supo si quedaron formalmente involucrados en alguna averiguación, o si alguno fue detenido como consecuencia de la balacera.

Dos películas diferentes

"YA 2008 FUE MUY DURO en cuanto a la inseguridad", reconoce el presidente de la Coparmex, Arturo López de Lara, y reflexiona: "Podemos estar económicamente no tan boyantes como en otros estados, pero antes había tranquilidad. Y empezamos a perderla, al grado de que algunos empresarios tomaron la decisión de establecerse fuera de la entidad, e inclusive fuera del país". En medio de la ola de extorsiones telefónicas y secuestros —el líder empresarial confía que, aunque él supo de tres plagios, ninguno de ellos fue denunciado ante las autoridades—, y con motivo de la marcha contra la inseguridad convocada a nivel nacional por organizaciones como México Seguro, unas 4 mil personas desfilaron vestidas de blanco por las calles de la capital. "Las llamadas para extorsionar han llegado a todos los niveles económicos. Yo te puedo decir que a mis cocineras les ha tocado, a mis trabajadores. Y a los comerciantes ya les piden cantidades mensuales", agrega López de Lara.

Datos de la Procuraduría de Justicia estatal indican que de enero a diciembre de 2008 se recibieron cerca de 2 mil reportes de extorsiones telefónicas en la entidad, de las cuales 85 fueron consumadas. De enero a marzo de 2009 ya rebasaban las 500. Y no sólo las llamadas. En febrero de ese año, el exclusivo fraccionamiento Loma de Bernárdez, en la capital del estado, fue literalmente invadido por un fuerte operativo de elementos de la BOM y de la AFI que catearon unas cinco residencias y desmantelaron un laboratorio de cocaína.

Las BOM fueron instaladas en el estado a solicitud de la gobernadora Amalia García en Fresnillo —en este caso hubo también petición directa del alcalde David Monreal Ávila, hermano del senador Ricardo Monreal—, Río Grande y Villanueva, todas plazas "calientes". Un reporte en manos de funcionarios del gobierno estatal indica que la pugna entre los cárteles del Golfo y del Pacífico se libra en la zona limítrofe con Durango —Jiménez del Teul, Valparaíso, Chalchihuites, Río Grande, Miguel Auza, Sombrerete—, aunque en la región indígena controlada por los tepehuanes los de *El Chapo* Guzmán mantienen su hegemonía. A su vez, *Los Zetas* operan numerosas casas de seguridad entre Aguascalientes, San Luis Potosí y el estado de Zacatecas, como en los municipios de Jalpa, Loreto, Luis Moya, Villanueva, Fresnillo y Villa de Cos.

Entrevistado en su oficina del Congreso del estado, el diputado Félix Vázquez, presidente de la Comisión de Seguridad del Legislativo, recuerda que, en una de sus muchas intervenciones recientes en la tribuna ante los enfrentamientos y hechos violentos ocurridos en la entidad, señaló que "la inseguridad está de la chingada, y todos nos estamos haciendo pendejos". El legislador, miembro del Partido Convergencia, reclama que el gobierno estatal "no reconozca el problema, que diga que no estamos en una situación tan grave como en otros estados y que atribuya la situación de inseguridad a un problema nacional". Comenta que la reciente creación de la Secretaría de Seguridad Pública del estado —que comenzó a operar en marzo de 2009— fue a instancias del Congreso. A pesar de la necesidad de contar con dicha dependencia, "no se le ha dado la importancia debida, porque opera en una oficinita con dos cuartos, como la más humilde agencia del Ministerio Público del municipio más alejado de Zacatecas". De hecho, a partir de la incursión del grupo de sicarios al penal de Cieneguillas para sacar a 53 reos, la mayoría vinculados al cártel del Golfo, la madrugada del 16 de mayo de 2009, sólo atinó a presentar su renuncia el titular de esa secretaría, el ex comandante de la Policía Federal Alejandro Rojas Chalico, a quien en algunas columnas de diarios locales se le reprochó la escasa actividad de una dependencia que debía coordinar y planear la seguridad en el territorio estatal. El diputado Félix Vázquez señala que desde hace meses ha propuesto —"pero no hacen caso"— que todos los poderes públicos del estado hagan un frente común ante la situación que se vive, pero "esa convocatoria debería salir de la gobernadora del estado, en vez de que sólo vaya a plantearle los problemas al presidente". Mientras tanto, continúa, "desde el año pasado comenzaron a ocurrir cosas que ya no se pudieron ocultar, aunque había una presencia que ya todos sabíamos: en Jerez cayeron varios agentes policiacos; hubo balaceras en Fresnillo, secuestros en Villanueva, levantones y toques de queda impuestos por la propia ciudadanía, los cuales fueron detonantes públicos y reflejo de que varias localidades de Zacatecas son asoladas por la delincuencia organizada..." Y aunque el legislador también cuestiona la falta de justificación legal, de estrategia y de planeación institucional con que el presidente Felipe Calderón utiliza al Ejército en la lucha contra el narco, dice estar convencido de que, por lo pronto, no hay de otra. "En este momento excepcional, el problema se resuelve con armas, con un chingo de armas. Si podemos sacar esto a chingadazos, luego debe venir lo planeado, a largo plazo."

Por su parte, en su cubículo del área de posgrado en ciencias sociales de la Universidad Autónoma de Zacatecas, el economista Juan Francisco García Valerio estima que gobierno y ciudadanos están viendo dos películas diferentes, puesto que mientras éstos viven en una crisis de seguridad ampliamente documentada por los medios, aquél la ignora o finge que no existe. "El discurso de la autoridad estatal era que el nivel delincuencial de Zacatecas está muy por debajo del promedio nacional, que éste es uno de los estados más seguros del país. Y cuando se presentan evidencias públicas de lo contrario, como que se mira para otro lado. Hay una suerte de contradicción."

Mientras tanto, investigadores y estudios de campo revelan cómo la alta tasa migratoria y las escasas oportunidades de empleo en varias regiones son aprovechadas por los grupos del narcotráfico para el reclutamiento de jóvenes, víctimas del desempleo o las adicciones, con el fin de convertirlos en "halcones", informantes, guías y vigilantes para seleccionar a las potenciales víctimas de la extorsión o del secuestro. Como "el enervante es una forma de pago" para esos muchachos, el mercado de productos del narcotráfico sigue creciendo, y eso, dice, "está documentado". Por último, el investigador universitario califica de dramática la afirmación del presidente Felipe Calderón en el sentido de que va a luchar por la recuperación del territorio que está en manos de la delincuencia organizada, y concluye: "Mientras estos niveles de fuerzas, de fuerzas formales del Estado e informales del delito, persistan, estaremos como en la política: cualquier vacío que deje la autoridad formal será ocupado por las fuerzas delictivas, como ocurre en Ciudad Juárez, donde, a pesar de las dimensiones de las fuerzas públicas, los asesinatos del crimen organizado persisten".

POSDATA

Al tiempo que el gobierno de Felipe Calderón se bate en una cruenta batalla contra el crimen organizado, el mercado de consumo y el trasiego de drogas en el país se esparcen. Los caudales de dinero provenientes de un negocio que a la sombra se multiplica han servido para que una y otra vez se reconfiguren los cárteles, que se enfrentan a los regimientos militares con armamento cada vez más sofisticado, estrategias dinámicas y la posibilidad de perderse entre la población cuando el peligro los acecha, porque en México la frontera entre la legalidad y el delito cada vez se difumina más.

Poco a poco, el Estado ha perdido su capacidad punitiva porque la corrupción ha crecido tanto como el mercado. Dinero hay en abundancia, como consumidores. Se corrompe arriba, se corrompe abajo y a los lados. La complicidad igual trastoca el ámbito social más inmediato —la familia, los vecinos— que los más altos en la pirámide de mando oficial. Arriba lo niegan, abajo se confunde entre la frustración, la miseria y la desgracia.

Sobre la sangre que tiñe el mapa de la República se levanta un vaho de interrogantes que flota en el aire; la principal, ¿hasta cuándo?, sigue sin tener respuesta. Otra más, ¿por qué sólo a balazos?, recuerda la obcecación medieval de las cruzadas que a la postre confirmó el presidente de la República al afirmar el 26 de junio de 2009 que "los jóvenes se drogan porque no creen en Dios". Muchas más se pierden entre tantas otras, es la incertidumbre que cubre al país.

Lo único cierto es que la industria del narcotráfico contrasta por lo cuantioso de sus dividendos del resto de la economía, menguada desde hace tres décadas y fulminada en este año por la impericia de las autoridades fiscales y monetarias frente a la recesión global, además de la paralización de actividades por el brote de una pandemia producida por el virus A H1N1 que repercutió negativamente sobre la producción y el empleo, principalmente en el sector turístico y de servicios. Para muchos este resultado podría ser simplemente casuístico, para otros parece ser complementario: la necesidad de escapar a una realidad que parece abominable o la oportunidad de escalar abruptamente en una escala social en la que media una distancia descomunal han dado pie al crecimiento del mercado ilícito de la droga. Cada año y cada vez a más temprana edad, millones de jóvenes y niños se alistan a consumir en una sociedad de consumo lo único que tienen a la mano.

Las investigaciones aquí presentadas nos llevan a los rincones más apartados, dentro y fuera de nuestras fronteras; a playas que sirven de guarida a "los jefes de jefes", a cementerios convertidos en fraccionamientos de ánimas queridas donde el lujo se desborda hasta lo irracional, pero también a los concéntricos lugares de moda donde igual se pasean los capos que se matan a balazos los gatilleros entre sí o enfrentándose a las fuerzas federales. Por si pudiera pasar por alto, esta labor periodística se realizó sorteando los más diversos peligros y su única razón de ser ha sido dejar testimonio de una realidad que a todos concierne, porque hoy por hoy, en México, nadie está a salvo.

Cincuenta y seis compañeros reporteros y corresponsales han sido abatidos por el crimen organizado en lo que va de la década, diez de ellos en 2009, a decir de la organización Reporteros Sin Fronteras. Sirva también este libro como homenaje a su esfuerzo periodístico.

Al tiempo que México se pierde en una batalla sin campo establecido, por nuestra parte no nos queda más que retratar lo que acontece en estos momentos violentos. Por desgracia en nuestro país nada es demasiado, como apuntaba en las páginas iniciales. Seguramente a cada paso del reloj se suman los muertos y crece el temor de una sociedad que ya cree en muy poco de soluciones. Vista la realidad tal como aquí se presenta, sin embargo, albergamos la esperanza de que sirva para entenderla de mejor forma o por lo menos, conociéndola en sus entrañas, se le pueda cambiar.

RRC